“抵御外侮——中华英豪传奇”丛书

丛书主编　张海鹏



# 甲午英烈

## 邓世昌

贾国静　王凤青◎著

南京出版传媒集团
南京出版社

**图书在版编目(CIP)数据**

甲午英烈邓世昌 / 贾国静，王凤青著. — 南京 ：南京出版社，2016.4

(抵御外侮 ：中华英豪传奇)

ISBN 978 - 7 - 5533 - 1232 - 3

Ⅰ. ①甲… Ⅱ. ①贾… ②王… Ⅲ. ①邓世昌(1855～1894)—传记 Ⅳ. ①K825.2

中国版本图书馆 CIP 数据核字(2016)第 020955 号

**书　　名**　甲午英烈邓世昌
**作　　者**　贾国静　王凤青
**出版发行**　南京出版传媒集团
　　　　　　南　京　出　版　社
　　社址：南京市太平门街 53 号　邮编：210016
　　网址：http://www.njcbs.cn　电子信箱：njcbs1988@163.com
　　联系电话：025 - 83283893、83283864(营销)　025 - 83112257(编务)

**出 版 人**　朱同芳
**出 品 人**　卢海鸣
**责任编辑**　徐　智
**封面设计**　王　俊　王　敏
**责任印制**　杨福彬

**排　　版**　江苏凤凰制版有限公司
**印　　刷**　江苏凤凰通达印刷有限公司
**开　　本**　787 毫米×1092 毫米　1/32
**印　　张**　4.625
**字　　数**　75 千字
**版　　次**　2016 年 4 月第 1 版
**印　　次**　2022 年 8 月第 7 次印刷
**书　　号**　ISBN 978 - 7 - 5533 - 1232 - 3
**定　　价**　18.00 元

用微信或京东APP扫码购书

用淘宝APP扫码购书

上架建议：教育 · 历史

# 编 委 会

# 总　序

在中华民族的历史上，沿海倭寇的肆意袭扰，西方列强的坚船利炮，侵华日军的烽火狼烟，一次又一次将中华民族推向生死存亡的边缘，给中华民族带来了深重的灾难与难以磨灭的痛苦记忆。中国从一个封建国家演变为一个半殖民地半封建国家。国运危亡，威胁着每一个中国人。

天下兴亡，匹夫有责。抵御外侮，救亡图存，成为面临外敌入侵、民族危亡时中国人思考的第一课题。也正是在这样的危难时刻，中华民族产生出一个又一个舍生取义、矢志报国的英雄豪杰，他们一回又一回地挽狂澜于既倒，扶大厦于将倾。他们的丰功伟绩，不只是单纯地拯救了某个王朝，某个皇帝，而是拯救了整个中华民族的血脉与希望；正像我们的国歌所唱的那样：把我们的血肉铸成新的长城，他们的奋斗和牺牲，把中国的历史命运一次一次推向一个进步的新阶段；他们的高风亮节，不只是中华儿女景仰、学习的榜样，也是人类不屈不挠、英勇抗暴精神的象征。抗敌御侮的英雄事迹，构成了中华优秀传统的新的篇章。

中华民族没有在外敌面前屈服、倒下，而是在一次一次斗争后走向新生，走向进步。作为唯一延续至今未曾中断过的中华文明不断在成长，中华民族依旧傲然挺立于世界民族之林，中华民族的文化传统，不仅没有消逝在历史长河之中，反而发扬光大，成为造就中国特色社会主义的基本历史因素。

为了歌颂中华英豪的爱国精神，为了纪念中国人民抵御外侮的伟大事迹，为了弘扬优秀的传统文化，南京出版传媒集团·南京出版社推出“抵御外侮——中华英豪传奇”丛书。

这套丛书是面向青少年的普及性读物，聘请各有所长的学者撰写，力图用生动活泼的语言，引人入胜的故事，准确的历史事实，努力展现明清以来各个时期抵御外侮的英雄豪杰的事迹，描绘每一位英豪的成长历程和闪光人生，再现了他们人生的不朽光辉。丛书通过这些在抵御外侮中发挥重大作用的英雄人物，向广大青少年表达了中华民族热爱和平、热爱祖国的家国情怀。

如今，我们正走在中华民族复兴的伟大征程之上，国家发展前程似锦，国际地位日益提高，全世界的目光都在转向中国，可以说，今天的中国距离中华民族复兴的伟大梦想，比以往任何时候都更为接近了。越是在这种时候，我们越是要记住为实现中华民族伟大梦想而奋斗、而牺牲的先烈；在我们昂首阔步走向未来新征程的路上，我们更应该居安思危、以史为鉴。历史已经证明：每一段抵御外侮的历史，都是一段维护正义的历史；每一场抵御外侮的斗争，都是一场维护和平的斗争；每一次抵御外侮的奋斗，都是一次为了实现人民美好生活的奋斗，正义终将胜利，和平终将胜利，人民终将胜利。

“抵御外侮——中华英豪传奇”丛书在传播正能量、弘扬爱国主义情怀的同时，提醒我们，在和平时期，抵御外侮的精神同样不可或缺，抵御外侮的英豪也同样不应遗忘，我们今时今日所有的成就与繁荣，离了这种精神、这些英豪，都是万万不可想象的。

“抵御外侮——中华英豪传奇”丛书，不只是为了缅怀先烈，更是为了激励后人；不只是为了铭记历史，更是为了展望未来。

为青少年编写历史小丛书，是一项崇高的事业。20 世纪 50—60 年代，吴晗主编了《中国历史小丛书》《世界历史小丛书》，对当时的青少年起到了历史教育的奠基作用，事实证明是成功的出版经验。我期待南京出版社继续努力，把这个崇高的事业承担起来，拓展开来。为这个崇高的事业投入人力、物力和财力，是会得到善报的，这个善报，不在多少金钱，而在一代一代具有丰富历史知识的青少年的成长，他们将成为国家的栋梁。

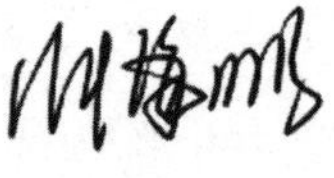

（中国社会科学院学部委员、中国史学会原会长）

# 目录

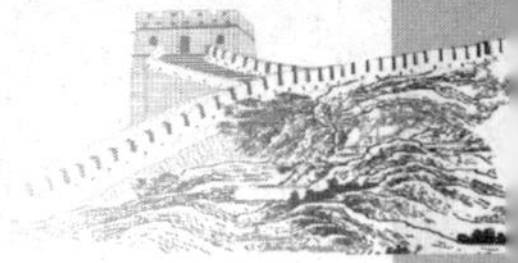

# 引　言

2014 年 9 月，国内媒体突然曝出了一则重要新闻：在辽宁丹东海域，通过物理探测手段和潜水调查作业，水下考古队员发现了木板、铁板、煤块等大量遗物。考古专家认为，这是辽宁丹东海域的重大考古发现，一艘重达 1600 吨左右的沉船进入了人们的视野。

根据初步探测，沉船所处海底深度大概在 18 米到 23 米之间，由于覆盖 3 米以上的淤泥，只有零星的铁甲边缘和碎片微微突起于泥沙之上，还都附着大量的海底生物和渔网，所以具体情况尚不能准确断定。但根据初步判定，沉船应该是一艘战舰，因为考古队员还在水下发现了一门铁炮。按照水下考古调查队的说法："我们幸运地找到一门炮，还有一些弹药的东西，同时还包括舰体。我们经过搜索发现，从头到尾至少有 50 米长，宽度是 10 米，长宽比已经至少达到 5，这么修长的一个舰体、长宽比，它肯定是属于战舰之类的东西。"

当时，沉船的身份还不能完全确定，被暂时定名为“丹东一号”。这艘船的身份究竟如何？它为何会沉没海底？一时引发社会各界的广泛关注，人们把目光纷纷投向丹东。

今天的丹东是辽宁省辖市，是中国重要的边境城市，位于辽东半岛经济开放区东南部鸭绿江与黄海的汇合处。它地处东北亚的中心地带，是东北亚经济圈、环渤海经济圈的重要交汇点，连接朝鲜半岛与中国及欧亚大陆的主要陆路通道，也是中国万里长城的最东端起点和中国万里海疆的最北端起点。

人们关注这则新闻更多是出于好奇，而参与这次考古行动的专家却无比激动。因为他们知道，丹东那片碧波万顷的大海隐藏着怎样的历史，这艘沉船可能具有重大价值！

其实，这里并不是第一次发现沉没的战舰。早在日本侵略者控制着东北的 1938 年初秋的一天，日本打捞船突然从大连方向驶来，隆隆的马达声打破了海面的宁静。日本人好像要找寻什么，但他们不是特别熟悉情况。当时，海岸上正有一位年轻的渔民在捡拾海菜。当他看到日本船只的时候，有些惊讶，正想赶紧躲开，没想到日本兵突然冲到岸上将他抓住。这样，他无可奈何地参与了沉船打捞，也无意中成为了历史的见证人。

这位年轻的渔民名叫李桂斌，当时只有23岁，根据他后来的回忆，人们大致明白了事情的原委。1938年4月，日本派出“安德丸”号和“神甫丸”号两艘打捞船来到丹东的大鹿岛，目的就是进行海洋打捞。随舰而行的有专门的日本潜水员。为了弥补人手的不足，日本人还从庄河请来一名叫王绪年的潜水员，李桂斌的工作则是辅助性的，在船上给氧气管加压打气。

一切准备就绪，日本人开始进行野蛮打捞。潜水员下水时携带着炸药，在沉船上安装好后引爆，然后再把炸成碎片的船体打捞上来。随着一次一次的爆破，一片片钢材被打捞上来，在大鹿岛港口堆积成了一座小山——日本人足足把沉船炸掉了两层，但根据传说，沉船船体并未遭受太大破坏。

在这次打捞中，日本人还打捞出了枪炮等物品，那次打捞工作的结束，源于一场意外。一次打捞过程中，日本潜水员下水后再也没上来，被捞上来后发现已经七窍流血神秘死亡。此后，只剩王绪年一人进行潜水作业。由于进度太慢，最终日本人带着已经打捞上来的钢铁等物品，离开了大鹿岛。

这次打捞最让李桂斌震撼的一幕，多年以后仍令他记忆犹新：在一次潜水后，王绪年捞上来了一块椭圆形的船舰铭牌，直径有一尺多，上面赫然铸刻着“致远”二字——原来日本人打捞的竟然是“致远”号！

经过这次打捞之后，原本落潮时还可以看到的沉船桅杆不见了踪影。大海时而平静，时而波涛汹涌，好像淹没了历史的往事，隐藏了“致远”号的踪迹。

“致远”号在哪？新中国成立后人们又开始追寻，但一次次的努力最终都没有成功。进入21世纪，我国的科学技术今非昔比，海洋考古不断发展，考古工作者终于在2014年9月发现了“丹东一号”。

根据初步了解，“丹东一号”沉船展示出来的很多东西让人迷惑。考古队员发现，沉船整个甲板铺满了一层石头，石块巨大而沉重，这些大石块为什么会出现在沉船的甲板上？萨苏认为，这可能是日本人在打捞时所为，石头压住舰体，可以防止沉船被海流冲走。陈悦则认为，日本人相信风水文化，据说日本在甲午战后吞并朝鲜的过程中，曾将钢钎钉入朝鲜的皇宫和山峦，意在切断朝鲜“龙脉”。日本人用石头压在沉船之上，就是要破坏中国的风水，包含着让中国永世不得翻身的意思。

如果关于风水的这一说法真实可信，那么，日本人为什么要如此处心积虑、用心恶毒？这与沉船的身份密切有关。种种迹象表明，这艘沉船很可能就是“致远”号，因为从沉没地点来看，考古发掘的地点和日本甲午战后记录的“致远”号沉没地点大体一致，而且考古队员在水下还发现一块方形的舷窗——只有“致远”号上有方形的舷窗。更为重要的是，考古队员还发现了一门11毫米的10管格林机关炮，这种武器也正是“致远”号所独有的。不过，国家文物总局认为这些信息还不足以证明沉船的身份，需要更多的研究工作。

“丹东一号”被发现后，2014年8月至10月，国家文物局水下文化遗产保护中心联合辽宁省文物考古研究所，组织实施了对沉船的调查。在一个半月时间里，来自山东、广东、海南等省市的文博单位以及国家博物馆的人员纷纷到位，共有12名水下考古队员参与调查，广州打捞局9名专业人员负责抽沙工作。工作的开展极为不易，潜水员要潜到水下20多米，带着50多米长的抽沙设备，每天5个小时不停地抽沙。由于要躲开潮汐，工作时间受到极大限制。潮汐为2小时，每天自然延后1小时，因此，有时抽沙是在早上5时，有时就得到晚上6时进行。潜水员一般是半小时轮换一次。最艰苦的是对付水下成捆的废渔网，这对潜水员来说往往有致命的危险——潜水员水中的高压空气仅够1小时，一旦被渔网缠住，不能动弹，就有可能丧生海底。由于水下考古的工作进展极为缓慢，一时间仍无法确定该船的身份。

无论如何，日本人煞费苦心地打捞他们所认为的“致远”号，又在沉船上压上石块，这一切究竟是为什么？背后隐藏着怎样的往事？其实这并不难解释。“致远”号是爱国将领邓世昌指挥的英雄战舰，日本人恐惧这艘战舰，更加畏惧指挥这艘战舰的英雄将领——邓世昌！在甲午战争中，邓世昌与“致远”号全体官兵浴血奋战，勇往直前，上演了一幕可歌可泣的英雄故事！

战舰可以在海底沉默，但历史不应该被遗忘，让我们一起追寻英雄成长的脚步，去重温那段悲壮的历史！

# 第一章　邓家之子

邓世昌

让时光倒转，我们一起回到历史现场：时间为1849年10月4日，按照传统农历，这一天是八月十八，地点为广东番禺县龙导尾乡的邓家。此时此刻，中秋节刚刚过去，人们多少还沉浸在节日的喜悦气氛中。邓家更是一片喜悦而忙碌的景象，人们的脸上挂着急切的表情，好像在等待什么、期盼什么。突然之间，一声响亮的婴儿啼哭破窗而出，邓家的妻子郭氏顺利生下了一个男婴！众人眉开眼笑，喜气洋洋！

邓家的户主名叫邓焕庄，家境颇为殷实，专营茶叶生意。茶叶是中国先人的独特贡献，传说为神农氏的重要发现。茶在中国人的生活中十分重要，有一句俗语长期流传——“开门七件事，柴米油盐酱醋茶”。茶叶也是中国重要的外销商品，西方人远渡重洋来到中国，大量购买茶叶运到欧美。



### 小贴士

**神农氏**：远古三皇之一的炎帝。相传神农氏为了给人治病，经常到深山野岭去采集草药，不仅要走很多路，而且还要对采集的草药亲口尝试，以鉴别草药的功能。茶叶便是神农氏在一次采药过程中偶然发现的，具有清热解毒的作用。

正因为茶叶非常重要，所以邓焕庄靠着茶叶生意，日子过得非常不错。他很希望家业能够永远兴旺，生意永远昌盛，因此给这个男婴起名为“永昌”。不过，邓焕庄也明白，长盛不衰只是人们的善良期盼，中国人常说“富不过三代”，而且一个家庭的兴衰也离不开国家的大局、时代的走向，如果世界都繁荣昌盛该有多好。后来，“邓永昌”改名“邓世昌”，其中包含了邓家人的几多期许。

欧洲来华的运茶船

邓焕庄的愿望朴素而善良，邓世昌出生的时代却并不尽如人意。清朝入主中原之后，一段时间励精图治，尤其是在康熙、雍正、乾隆皇帝时期，国势强盛，史称“康乾盛世”。但到了嘉庆、道光时期，清朝在传统的封建道路上步履蹒跚，国势日渐衰落。就内部来说，官员昏庸无能、道德败坏，贪污受贿、徇私枉法非常普遍，吏治危机全面侵蚀着大清王朝日渐虚弱的肌体。在这样的背景下，农民起义频繁爆发，其中白莲教、天理教的起义影响很大。

白莲教曾经涌现出一位女英雄王聪儿，她是湖北襄阳人，从小流浪卖艺，练就了一身好武艺。她的丈夫齐林是一位白莲教首领，受到丈夫影响，王聪儿也成了白莲教的虔诚信徒。他们策划起义的消息走漏之后，清政府残忍地杀害了齐林和白莲教大批教首和教徒，王聪儿愤懑难平，揭竿而起。1796 年 2 月，年仅 20 岁的王聪儿剪去长发，身着白衣，执鞭跨马，举起义旗，率众与清政府展开了激烈抗争。她被推举为白莲教的“总教师”。

王聪儿巾帼不让须眉，她率领湖北襄阳义军连挫清军，先后在湖北、陕西、四川等地辗转作战，屡战屡胜。清军为了对付王聪儿，集结大量兵力，最终在湖北郧阳三岔河的卸花坡将义军围困了起来。王聪儿率领义军誓死抵抗，英勇作战，最终寡不敌众。看到大势已去，王聪儿率领残存的女兵跳下悬崖，慷慨就义。

王聪儿

天理教也积极策划起义，他们甚至攻入了紫

禁城。天理教首领林清、李文成、冯克善在传教中不断吸收教徒，壮大自己的力量，积极策划武装起义。林清等人在宛平县的天理教信徒中选拔精壮青年200余人，每天进行操练。他们还秘密联络宫中的太监，让其作为进攻紫禁城的内应。嘉庆十八年(1813)九月十五日，天理教起义军兵分两路，分别攻打东华门与西华门。起义军们与紫禁城的守卫展开了激烈战斗，杀声震天，箭矢如雨——至今隆宗门匾额上还遗留着一支箭头。最终，天理教徒因力量悬殊而失败。

在大清王朝日显颓势、内部危机不断爆发的时候，外部列强却磨刀霍霍，虎视眈眈。18世纪60年代起，英国开始了工业革命。至19世纪初，英国成为世界上最强大的资本主义国家。英国人大量购买中国的茶叶、丝绸、瓷器等商品，中国却因为处于自然经济状态，人们习惯于自给自足，不需要欧洲的产品。

英国人为了改变这种不平衡的贸易局面，向中国大量走私特殊商品——鸦片，不仅导致中国的白银大量外流，还严重败坏了中国社会风尚。中国人淳朴的民风被毒品摧残，健康的身躯因为吸毒而日渐羸弱，变成了受人鄙视的“东亚病夫”。鸦片影响了中国人的身心健康，损害了中国的社会经济。面对鸦片造成的灾祸，清政府经

英国喝茶的一家人

过多次讨论，决定予以禁止，道光皇帝派遣林则徐前去禁烟。

林则徐于1839年在广州查禁鸦片。他将缴获的鸦片集中起来，在虎门海滩当众销毁，这就是著名的虎门销烟。英国人不甘心受到损失，更不愿意看到鸦片贸易被完全禁止，英国议会就发动战争问题进行了讨论，最终决定出兵中国。在这种背景下，英国人的军舰气势汹汹驶向中国，悍然发动了鸦片战争。英军的军舰性能优越，作战经验丰富，清军难以抵挡，最终清政府非常屈辱地接受了战争失败的结局。鸦片战争的结束年份为1842年，数年之后，邓世昌呱呱坠地。当年幼的他睁开好奇的眼睛时，可能并不知道，自己面对的是民族危机日渐加深的危局，而并非一个太平的年代。

虎门销烟浮雕

年幼的邓世昌最初并不能理解国家大事，可是处在这样的时代，覆巢之下无完卵，个人的生活处境和国家大事紧密关联。他耳濡目染，逐渐体会到了世事的艰难。

前面讲到邓家从事茶叶生意，邓世昌的祖父邓景能很有商业头脑，家里的茶叶生意十分兴隆。邓世昌的父亲邓焕庄子承父业，家境殷实，可是随着鸦片战争后鸦片的大量输入，中国的经济受到摧残，人们购茶受到影响，茶叶外销也开始出现危机。在这样的情况下，邓焕庄越来越感觉生意萧条，心里非常焦虑。他去了几趟上海之后，发现上海商贾云集、四通八达，认为这里做生意的条件要比广州更好一些，因此在上海开设了茶庄。邓焕庄善于经营，很快就在上海站稳了脚跟。

邓焕庄原本就是心思灵活的商人，从广州来到上海，更进一步开阔了他的眼界，这无意中也影响到了邓世昌的人生轨迹。

邓世昌稍稍长大，就开始在私塾学习，很好地完成了启蒙教育。私塾是中国传统的启蒙学校，相当于现在的小学，一般都是由塾师来教课。课本用的是《三字经》《百家姓》《千字文》等，所学内容为反复诵读名言警句："子不学，非所宜。幼不学，老何为。玉不琢，不成器。人不学，不知义。""犬守夜，鸡司晨。苟不学，曷为人。蚕吐丝，蜂酿蜜。人不学，不如物。幼而学，壮而行。上致君，下泽民。扬名声，显父母。光于前，裕于后。"年幼的邓世昌深深懂得学习的重要性，学习非常努力，他想成为一个对家庭、对国家有用的人。

课余时间，私塾中的老先生、临近的父老乡亲，经常向邓世昌讲述中国遭受的侵略，告诉他三元里人民奋起抗英的英雄事迹。鸦片战争时，广州沦陷之后，英军窜至城外，大肆掠夺财物，甚至打开郊外双山寺中的棺椁，观看死者的遗体。按照中国的民俗，决不容许逝去的先人受到骚扰,英军侮辱遗体的行为实在是禽兽不如!英军同时还侮辱妇女,欺辱菜农韦绍光的妻子。面对凶恶的敌人,韦绍光等人忍无可忍,奋力搏斗。众人一呼百应,三元里附近 103 乡的人民团结起来,将敌人引诱到牛栏岗,他们手持锄头、铁锹、木棍、刀矛、石锤、鸟枪等武器,与英军展开激烈的战斗。淳朴的农民满怀愤恨,勇敢地与敌人展开殊死搏斗,儿童妇女在远处呐喊助威,声震云霄,吓得英军心惊胆寒。经过激战,三元里人民最终打死英军 200 多人,大获全胜。

年幼的邓世昌虽然还不能完全理解国家发展的大势,可是身处这样的环境中,他已经懵懂地意识到国家和人民的苦难,心灵深处埋下了救国救民的种子。当时广东等地习武风气盛行,人们在田间地头练习武艺。受到习武风气的影响,邓世昌在读书的同时还拜师学艺,练就了一身好功夫,这就为他以后的行伍生涯打下了良好的基础。

光阴荏苒,邓世昌习文练武,转眼已经成为 11 岁的少年。他已经完成了在私塾的学习,按照中国传统读书人的发展轨迹,以后就可以参加科举考试,走上皓首穷经、考取功名的路子。

## 小贴士

**科举**:中国古代通过考试选拔官吏的一种制度,由于采用分科取士的办法,所以叫做科举。科举制创始于隋朝,大业元年(605)开始实行,清光绪三十一年(1905)废止,延续了1300年左右。科举考试打破了世家大族的特权垄断,提高了官员素质与行政效率,有利于社会公平公正。但到了后期,考试内容愈发陈腐,限制了人们的思想,产生了一定的消极后果。



但是,邓世昌的父亲邓焕庄往来于广州与上海之间,眼界较为开阔,他不想让邓世昌走上这条道路,而是希望儿子能够讲求实务,通晓洋文,学习外国的科学知识。于是,他带着邓世昌来到了上海,在学校里学习英语,还学习了《几何原本》《同文算子》《圆容教义》等实用课程。邓世昌聪颖好学,深得老师喜爱。他每天埋头学习,没有在上海滩这个花花世界里迷失自我。很快,邓世昌的英文就达到了能和外国人对话的水平。

学习之余,邓世昌也领略了上海的风情。他看到外国人住的楼房、西式的教堂、各种各样的洋行，也曾经目睹外国军舰耀武扬威地驶过江面。这些情景深深刺痛了他的内心，邓世昌悲愤难平："中外通商日盛，外舰来华日多，中国的弱点都被外人探知，假使中国不用西法建立海军，一旦强邻挑衅，就无法应付了！"他已经初步思考着，没有强大的海军，一个国家如何才能保障自己的安全。鸦片战争时，有识之士感慨英军"船坚炮利"，邓世昌作为一个少年，通过自己的观察已然认识到了这一问题，实在是难能可贵，这无形之中也影响到了他后来的人生选择——献身海疆、保家卫国！

# 第二章　投笔从戎



鸦片战争是中国历史的重要转折点，英国人凭借强大的军事力量轰开了中国尘封已久的大门。英国海军“船坚炮利”让中国人目瞪口呆，尽管将士们浴血奋战，可还是难以抵挡。

在鸦片战争中，侵华的英国“东方远征军”派来了各式战舰 66 艘，其中一部分是木制或铁制的蒸汽船，火炮射程远、精度高，威力巨大。英国人还采用了较为先进的作战方法：战舰的侧面对着敌方，排成一列首尾相接的长队，一半的火炮可以对敌射击，火力极为强悍。英军“船坚炮利”而且战法先进，清军无力应对，落败自然是无奈之事。

当时在与西方人的接触与较量中，林则徐作为“开眼看世界的第一人”，已经开始翻译西方的书报，了解西方的地理、历史、政治、经济等内容。他还注意学习西方的科学技术。为了加强防范，林则徐购买了西方的大炮，并

鸦片战争油画



安装在炮台上。对于如何御敌，林则徐也有自己的看法，认为“制炮必求极利，造船必求极坚”，这样才能和敌人逐鹿海洋，御敌于国门之外。林则徐的思想十分宝贵，魏源则更进一步，提出了“师夷长技以制夷”的主张，开启了中国人了解世界、学习西方的新潮流。在这些宝贵思想的引领下，部分先进的中国人开始学习西方的工业技术，洋务运动逐渐兴起。

在洋务运动中，有识之士打出了“自强”和“求富”的旗帜，其中就包括了办军工厂、生产新式武器、建立新式军队等内容。1866 年，闽浙总督左宗棠奏准在福建福州设立船政局，制造船舰、火炮等军械。数月之后，由于西

左宗棠

北边疆吃紧，左宗棠被调往陕甘，担任陕甘总督。沈葆桢接替他的工作，出任马尾船政大臣。

沈葆桢之所以能担当大任，并不是偶然的。沈葆桢是林则徐的外甥，从小在父母的教育下努力学习。他博学多才，擅长书法，工于诗词，深受舅舅林则徐的器重，因此才能迎娶表妹林普晴为妻，成为林则徐的女婿。左宗棠调任陕甘总督之前，大力推荐沈葆桢接手船政。沈葆桢于 1867 年接替左宗棠后，深知制造轮船需要培养造船人才，于是开办了制造学堂。考虑到驾驶轮船需要驾驶人才，他又奏准开办了驾驶管轮学堂。

今天看来，左宗棠与沈葆桢的努力难能可贵，但在当时的社会环境下，很多人醉心于科举考试，一心求取功名，根本不屑于学习军事技术、科学技术。船政学堂第一次招生时，生源主要为福建本地子弟，要求资质聪颖、粗通文字，年龄为 16 岁以下，结果只招到了严宗光、罗丰禄、林泰曾、刘步蟾、方伯谦、林永升、黄建勋、蒋超英等人。由于生源不足，学堂只能再次招生，同时进一步放宽了年龄条件，招生地域也扩展到了广东、香港，这样就对邓世昌敞开了大门。

福州船政局

在这种情况下，邓世昌投笔从戎的梦想终于可以实现了。得知招生消息后，邓世昌意识到梦想的种子找到了现实的土壤，他禀告父亲邓焕庄，希望允许自己前去报考。邓焕庄深深懂得发展实业的重要性，他让邓世昌学习英语和科学知识，目的就在于把他培养成为实业人才，而不是迂腐的酸儒。两次鸦片战争造成的时局动荡，也影响了邓焕庄的生意，他明白没有国家的安定，就不可能有发展实业的良好条件。所以，当邓世昌提出报考船政学堂时，深明大义的父亲给予了支持。

得到父亲的允可，邓世昌万分高兴，随后便回到广州参加考试。由于已经具备一定的英语和科学基础，他最终以优异的成绩被录取。1867 年，18 岁的邓世昌如愿以偿，成为福州船政学堂的一名学生，学习驾驶专业。福州船政学堂分为前学堂和后学堂，前学堂主要培养轮船设计、制造人才，通习法文，所以也称为“法文学堂”；后学堂主要培养轮船驾驶人才，通习英文，所以也称为“英文学堂”。邓世昌就读的是后学堂，他英语基础较好，又有一定的科学、文化基础，加上勤奋努力，系统地学习了英文、算术、几何、代数、解析几何、割维、平三角、弧三角、水重学、电磁学、光学、音学、热学、化学、地质学、天文学、航海术等课程。他贪婪地吸收着现代科学知识，一天天茁壮成长。

时光匆匆，寒暑几度，数年的时光很快就过去了。经过艰苦学习，邓世昌已经系统地掌握了航海知识与技能。“纸上得来终觉浅，绝知此事要躬行。”邓世昌于 1871 年毕业之后，根据安排，他和同学们一起来到了“建威”号实习。在教习的指导下，这群朝气蓬勃的年轻人意气风发，他们乘风破浪、扬帆远航，穿过海峡，绕过岛屿，先后到达了厦门、香港、新加坡、槟榔屿等地，航行了四个月之久。在这次实习过程中，邓世昌与其他学员仔细测量，科学驾驶，认真完成航海日志，表现出了熟练的驾驶技能与沉着冷静的心理素质。

沈葆桢呕心沥血经营着福州船政学堂，对这批精心培养的学员非常满意，给邓世昌以高度评价，认为他是船政学堂中“最伶俐的青年”之一。沈葆桢的赏识使邓世昌脱颖而出。1874 年 2 月，邓世昌被奖以五等军功，成为“琛航”号运输船的大副，后来又担任了“海东云”号炮舰管带。因为才干卓越、稳重老练，邓世昌在海军队伍中快速成长，面对国家的危难，他很快就投身到了实际战斗中。

日本明治天皇

19 世纪六七十年代，中国除了面对西方侵略者之外，周边又增添了强敌——日本已经悄然崛起。庞大的大清王朝在鸦片战争中败给了西方国家，这给日本敲响了警钟。各界人士产生了强烈的危机意识，掀起了学习西方的热潮，效果十分显著，日本迅速成为亚洲第一个走上工业化道路的国家，并跻身于世界强国之列。崛起的日本虎视眈眈，把侵略的矛头对准中国，台湾首先成为其猎食侵吞的对象。

1871 年 12 月，60 多名琉球人乘船遭遇台风，漂流到台湾南部登陆，结果与台湾土著发生冲突，54人被杀。本来，琉球是中国的藩属国，台湾是中国的领土，这一事件与日本毫无关系。但日本还是以此为借口，开始实施侵略台湾的行动。

1873年11月，日本政府派外务卿副岛种臣出使中国，随员柳原前光到清政府总理衙门询问琉球漂流民被杀事宜。总理衙门认为琉球与台湾都在清朝治下，两者之间的纠纷与日本无关，而且台湾土著为化外之民，难以治罪。柳原前光却说琉球是日本国土，认为台湾土著杀死了琉球人，日本就要问罪。1874年4月，日本组成一支3000人的军队，名义上称为“台湾生番探险队”，在台湾的琅峤登陆，悍然发动了侵略战争。

清政府得知日军入侵台湾的消息，一面向日本政府提出质问，一面派沈葆桢率军直赴台湾，抗击日军。邓世昌此时已经担任“海东云”号炮舰管带，他跟随沈葆桢来到台湾，主要负责巡守海口的任务。邓世昌出色地完成了军事任务，得以荣升千总。沈葆桢一面与日军交涉，一面积极备战，给日军造成压力；加上台湾疟疾流行，侵台日军因气候炎热，水土不服，很多士兵生病甚至病死，战斗力减弱。日本政府察觉到不可能在短时间内占领台湾，所以转用外交手段解决争端。经过外交斗争，清政府与日本政府于1874年10月31日签订了《台湾事件专约》，清政府付给日本抚恤银10万两，补偿日军在台修道、建房等费用40万两。双方达成协议后，日军于12月20日从台湾全部撤走。

跟随沈葆桢前往台湾，是邓世昌首次正式参与军事行动。尽管中日军队间并没有爆发大规模战斗，但在实际的军事行动中，邓世昌得到了锻炼，表现出了成长为优秀海军将领的潜力，并且因军功得以升职，为后来的发展奠定了基础。不过，邓世昌成长为优秀海军将领的道路并非一帆风顺。

为了建立现代化的海军，提高毕业生的军事素质，福州船政局希望能够派遣学生到欧洲学习。早在1873年底，沈葆桢就上奏朝廷，建议派船政学堂学生赴英法留学，他提出："前学堂习法国语言文字者，当选其学生之天资聪颖、学有根底者，仍赴法国深究其造船之方，及其推陈出新之理。后学堂学习英国语言文字者，当选其有根底者，仍赴英国深究其驶船之方，及其练兵制胜之理。速则三年，迟则五年，必事半而功倍。"他相信，"三至五年后由外国学成而归者，则以学堂后进之可造者补之，斯人才源源而来，朝廷不乏于用"。对此提议，北洋大臣李鸿章和总理衙门均表示赞同。

1875 年，借着船政局法籍监督日意格奉命回国购买机器的便利，沈葆桢带领 5 名船政学堂毕业生赴英法两国参观学习。学习驾驶的学生刘步蟾、林泰曾在英国海军学校学习一年后，随日意格回国；而学习制造的学生魏瀚、陈兆翱则留在法国造船厂继续学习。随后，清政府决定从福州船政学堂选拔优秀学生，赴英法学习造船和驾驶技术，留学年限定为 3 年。

1877 年 3 月 31 日，第一批留欧船政学堂学生 30 人，在留学监督日意格和李凤苞的率领下从福州启程，经海

福州船政学堂中的洋员

路抵法国马赛港。学习驾驶的 12 名学生赴英国留学，刘步蟾等 6 人先上英国军舰实习，严复等 6 人则进入格林威治海军学院学习。学习造船的 18 名学生，加上两年前抵法的 2 人，在法国留学。

按照学习成绩与综合表现来看，邓世昌完全符合留学条件，应该在出洋留学的名单中，但是此前对邓世昌极为赏识的沈葆桢已经离任，丁日昌接管了船政局。具体负责选拔人才的是李凤苞，他选来选去，邓世昌却最终未能入选。

邓世昌未能入选的原因并不清楚，但可能和他的籍贯有关。在传统中国社会，乡土观念影响很大，福州船政局设在福州，大部分学员也是福建人，讲闽南话；而邓世昌是广东人，他讲的是粤语，这和很多福建籍同学之间多少有些隔阂。所以，在 1877 年首批留英海军学员名单中，一批后来参加甲午海战的舰长名列其中，如刘步蟾、林泰曾、叶祖珪、林永升、方伯谦等，籍贯都是福建，这恐怕也并非偶然。

邓世昌不幸落选，对于勤学上进的他来说，这是成长路上的一个挫折。他的心情怎么样，没有材料记录，可以设想，他心中一定充满着失望。才学兼优的邓世昌本来很有希望赴欧留学，可是就这样无情地落选，世事难尽人意。但是，邓世昌并没有被挫折打倒，没有因此而沉沦，他耐心地等待机会，做好安排给自己的任务，希望日后能够弥补未能留学的遗憾。

由于没能留洋，邓世昌因此更多地被安排执行任务。"海东云"号吨位较小，火力较弱，作为优秀的指挥官，邓世昌理应承担更为重要的任务。1878 年 2 月，邓世昌担任"振威"号炮舰管带，并代理"扬武"号快船管驾，奉命扼守澎湖、基隆等要塞，他的表现十分出色。邓世昌在执行守备任务时坚决果断，将所学知识运用于实践，用兵有方，日益受到人们的关注，成为一颗冉冉升起的海军之星。

# 第三章　北洋才俊

1874 年日本派兵入侵台湾，企图占为己有，虽然最终未能得逞，但还是给清政府敲响了警钟。日本当时已经装备了铁甲舰，这对清政府来说威胁很大，朝野有识之士认识到，面对强敌，建设海军极为重要。

11 月 5 日，总理衙门大臣奕䜣等人呈上奏折，建议加强海防，提出了“练兵、简器、造船、筹饷、用人、持久”六条，认为迫在眉睫，需要办理。人们对加强海防、购置铁甲舰非常关心，原江苏巡抚丁日昌提出《拟海洋水师章程》，建议建立三洋海军。李鸿章也提出暂弃关外、专顾海防的建议，赞成购买铁

奕䜣

甲舰，分置北洋、东洋、南洋舰队，并推荐沈葆桢、丁日昌担任统帅。

在洋务派的一致努力下，“海防”论压倒“塞防”论，“海防”、“塞防”之争暂时告一段落，清政府决心加快建设海军。光绪帝于 1875 年 5 月发布上谕，任命李鸿章、沈葆桢二人分别督办北洋、南洋海防事宜。



## 小贴士

**“海防”和“塞防”**：光绪年间，随着东南沿海和西北内陆形势的日趋紧张，清政府内部发生了“海防”和“塞防”的激烈争论。直隶总督李鸿章强调海防的重要性，同时认为“海防、西征力难兼顾”，主张放弃新疆；陕甘总督左宗棠则提出“海防塞防并重”，力主收复新疆。

李鸿章不负众望，在他的主持下，北洋海军日渐壮大。舰船方面，自 1875 年起，由李鸿章主持购买的炮舰“龙骧”号、“虎威”号、“飞霆”号、“策电”号、“镇东”号、“镇西”号、“镇南”号、“镇北”号、“镇中”号、“镇边”号等先后抵华，壮大了海军的实力，其中大部分炮船被纳入北洋体系。从 19 世纪 80 年代开始，李鸿章审时度势，认为海军舰船的发展出现了大型化的趋向，因此北洋海军购置舰船瞄准了大型化、先进化的目标。在这样的背景下，清政府又购买并拥有了当时世界最新式的铁甲舰“镇远”号和“定远”号。

“镇远”号铁甲舰

此外，清政府从英国和德国订购的“济远”号、“致远”号、“靖远”号、“经远”号和“来远”号巡洋舰，也先后划归北洋舰队。加上 1882 年李鸿章向德国订购的 4 艘新式鱼雷艇，到 1888 年北洋舰队正式组建起来时，已拥有铁甲船、快船、炮船、鱼雷艇，配套整齐，阵容可观，是一支实力强大的新型海军舰队。

北洋舰队的创设与发展不仅需要购买舰船，更需要得力的海军人才，李鸿章尽其所能，延揽人才。1880 年初，邓世昌任“飞霆”号蚊炮船管带。正在此时，李鸿章派马建忠去考察、招收水师人才。福州船政局作为新式海军学校，培养了一批海军人才，而当时海军人才奇缺，马建忠求贤若渴，自然要重点考察福州船政局，希望能有所收获，选拔到得力的海军干将。

马建忠是中国近现代史上的一个传奇人物。1845 年 2 月 9 日，他出生于江苏镇江府丹徒县一个天主教家庭。1853 年，由于太平军攻入南京，马家遂搬去上海躲避战乱。当时，马建忠就读于中西学并重的天主教耶稣会徐汇公学，学习法文和拉丁文等课程，同时准备参加科举考试。

马建忠

1860 年，英法联军攻占北京，火烧圆明园。国家的危难深深刺激了年少的马建忠，他努力搜集西学书籍，认真学习，经过十余年的刻苦努力，成了一位学贯中西的新式人才。1870 年，经二哥马建勋引荐，马建忠成为李鸿章的幕僚，因为熟悉西洋文化和语言，深受李鸿章的赏识。1876 年，他被李鸿章派往法国学习国际法，随船政学堂学生前往欧洲深造，是晚清时期船政学堂第一批出国留学的成员。他还同时兼任中国驻法公使郭嵩焘的翻译。1877 年，他通过了巴黎考试院的文科和理科考试，成为第一个取得法国高中会考毕业证书的中国人。1880 年 4 月，马建忠获法律硕士学位，从法国学成回国。

“飞霆”号蚊炮船

马建忠学贯中西，视野开阔，深受李鸿章的信赖与倚重。他选取人才讲求实际，注重的是实际能力。来到福州船政局后，他听到了各方对邓世昌的赞誉，于是亲自到邓世昌所带的“飞霆”号蚊炮船观察。看到士卒训练有素，船舰操作井然有序，马建忠对邓世昌的才干颇为赞赏。他还多次与邓世昌交谈，通过进一步了解，决定将其延揽至北洋舰队。



### 小贴士

**蚊炮船**：一种小型军舰。这种船的实际用途并不是出海打仗，而是当作海上可以运动的炮台。一旦某港口局势吃紧，需要加强防御，就可以临时抽调一批这种浮动炮台去设防。相比起修建在陆地上的炮台，它可以运动，更具有实用性。而且船上装备的大炮威力较大，犹如一只小小的蚊子，看似不起眼，真要被叮上一口，也是非常难受的。

马建忠向李鸿章推荐了邓世昌，赞誉他为“水师中不可多得之才”。李鸿章为了加强北洋舰队的力量，自然求贤若渴，认可了这一举荐，希望将邓世昌调至北洋舰队。

1880 年夏天，邓世昌被调动，成为北洋舰队一名优秀的军舰指挥官，并担任了“镇南”号炮舰管带。

当时，北洋舰队还在逐步建设中，舰船购置在不断进行。1880 年底，在英国订购的“扬威”号、“超勇”号巡洋舰已经完工。这两艘军舰由阿姆斯特朗公司承担火炮的设计制造，舰体则由米切尔船厂建造，整个建造过程历时将近一年。1880 年 10 月 14 日，第一艘巡洋舰下水，随后不久，第二艘也下水。12 月 27 日，李鸿章将这两艘巡洋舰命名为“扬威”号和“超勇”号。

当两艘军舰建造接近尾声时，清政府也在为即将到来的巡洋舰做前期准备。1880 年 10 月 7 日，李鸿章奏请清政府，从训练的练勇中挑选了 4 名官弁、306 名水勇，交给丁汝昌、洋员葛雷森进行训练，准备组成赴英接舰部队，完成接舰任务。经过训练与准备，12 月 23 日，丁汝昌、葛雷森带着随员马毓藻、解茂承，医官江永乘法国船只赴英国，前去接收军舰。林泰曾、邓世昌、蓝建枢、李和、杨用霖、章斯敦等率接舰部队，乘坐经过改装的商船“海琛”号，于 27 日从上海出发，赶赴英国。

当时的英国号称“日不落”帝国，正处于巅峰状态。1837 年 6 月 20 日至 1901 年 1 月 22 日，是著名的维多利亚女王统治时期，史称“维多利亚时代”。此时的英国，昂然屹立于世界之巅，领土达到了令人震惊的3600万平方公里，经济总量占全球的70%，贸易出口更是比全世界其他国家的总和还多上几倍，工业生产能力比世界其他各国的总和还要强大。

1851年，英国举行了第一次世界意义上的博览会，地点在该国专门为此建设的水晶宫。这次博览会从1851年5月1日至10月15日，历时5个多月，吸引了6039195名参观者。它普遍被认为是维多利亚时期的象征，并确立了大英帝国世界工厂的主导地位。



### 小贴士

**水晶宫**：英国为举行世博会而专门建造的建筑，该建筑由约瑟夫·帕克斯顿设计。它突破了以往的建筑设计，不使用传统的砖块、石头等建筑材料，而是以铁为骨架、玻璃为主体，所以被称为水晶宫。这一巨大的玻璃屋长约563米，宽约138米，从地基到竣工费时仅九个月。该建筑被视为工业时代的奇迹，展示了英国强大的工业实力。

伦敦世博会开幕式纪实油画

由于英国拥有强大的工业基础，它的造船能力世界领先，故而英国海军纵横海洋，难遇敌手，取得了骄人的战绩。即便在天才将领拿破仑横扫欧洲大陆的时候，英国海军的优势仍然难以被撼动。1805 年，英国海军中将纳尔逊指挥舰队，在特拉法尔加海战中大败法兰西联合舰队。此役过后，法国海军损失惨重，从此一蹶不振。拿破仑被迫放弃进攻英国本土的计划，英国海上霸主的地位得以巩固。在鸦片战争中，英国人渡海远征，凭借着“船坚炮利”，轰开了古老中国尘封已久的大门，背后的基础正是这种强大的工业能力。

丁汝昌等人先期到达英国后，参观了位于纽卡斯尔的阿姆斯特朗公司，深深感受到英国工业技术的先进，他还亲自监督“超勇”号、“扬威”号进行试炮。随后，丁汝昌等人前往伦敦，进行了一系列外交活动，还受到维多利亚女王的亲自接见。

1881 年 4 月 22 日，他们还拜访了英国海军部，同英国海军上将凯古柏、海军部总工程师斯图尔特、军舰设计家巴纳贝进行会谈，并参观了英国最新式战舰的模型和图纸，这是中英两国高级海军军官的第一次历史性交流。当天晚上，满载中国水兵的“海琛”号抵达英国伦敦，邓世昌等人随船到达。尽管中英之间贸易频繁，英国报刊也时常出现有关中国的新闻，但百闻不如一见，英国人第一次亲眼看到来自古老中国的水兵，目睹了飘扬着龙旗的轮船，一时成为热点，举国上下十分关注。

因为时间紧迫，4 月 24 日中午，接舰官兵就到达了纽卡斯尔，为驾驶、操作军舰做最后的准备，他们在阿姆斯特朗公司对面的小岛上开始接受紧张的培训。这批陌生的、来自遥远中国的水兵，勇敢坚毅，勤奋好学，给英国海军界留下了深刻的印象。英国人最初听说中国将派出水兵时，对中国水兵的素质十分担忧，怀疑他们能否操作建造好的战舰，能否顺利返航。等真正见识到中国水兵的良好表现之后，英方的疑虑不复存在。由于这次接舰，中国海军第一次登上了世界舞台，展示了中国的形象。

7 月 14 日、15 日，“超勇”号、“扬威”号在中方官员的监督下，再次进行了航速和武器测试，时速达到 16 海里，符合设计要求。因为中日关系日趋紧张，远在北京的李鸿章心焦如焚，原本应该在 4、5 月份交船的“超勇”号、“扬威”号迟迟不能回国，让他有些恼怒，他对英方的效率感到十分不满。

曾纪泽

在这种情形下，赫德也发出电报，质问金登干“巡洋舰是否永不开航”。经多方催促，7 月 27 日前，“超勇”号、“扬威”号进行了最后一次检修，终于一切就绪。8 月 2 日，中国水兵登舰接收。

8 月 3 日凌晨，在海军留学生监督日意格的陪同下，中国驻英公使曾纪泽从伦敦乘火车抵达纽卡斯尔，郑重地参加接舰仪式。当日下午 2 时，在一片鼓乐声中，曾纪泽亲手将龙旗升上“超勇”号和“扬威”号的桅杆，二舰礼炮齐鸣。参加接舰的官兵内心十分激动，这是中国龙旗第一次在英国本土飘扬。英国海军部总工程师斯图尔特，阿姆斯特朗公司的员工、家眷及附近的居民也一片欢腾，他们和中国接舰官兵一起见证了这一珍贵的历史时刻。当天，纽卡斯尔市市长向丁汝昌发电报致敬，市议会也一致通过向丁汝昌呈献一份祝辞。

在做了一系列准备工作之后，离别的时刻终于到来。8 月 9 日，“超勇”号、“扬威”号汽笛长鸣，缓缓驶出，告别了建造船厂，带着当地居民的美好祝愿，离开了纽卡斯尔。二舰在普利茅斯军港作短暂停留，等待与前往伦敦进行告别拜访的丁汝昌一行会合，随后返航。

8 月 17 日清晨，丁汝昌乘坐“超勇”号，率“扬威”号一起离开普利茅斯，驶向茫茫大海。两艘战舰劈风斩浪，向遥远的东方驶来。22 日通过直布罗陀海峡，进入地中海，但二舰随后失散。“超勇”号于 8 月 31 日驶抵赛得港，在那里等待。“扬威”号因为燃煤用尽，失去动力，只能在海上漂流，历经两个昼夜，几经艰难，终于在 9 月 5 日到达赛得港。经过休整，二舰重新出发。9 月 10 日驶出苏伊士运河后，“扬威”号不幸再次遇险，螺旋桨被礁石碰坏，经过紧张的修理，终于再次启程。9 月 14 日，二舰离开苏伊士，10 月 1 日抵达加勒，10 月 8 日到达新加坡，中国领事左子兴上舰参观慰问。此后，两艘战舰进入了南中国海，10 月 15 日抵达香港，途中还救起了遇难的中国渔民。

“超勇”号、“扬威”号此次航行路途遥远，途经许多国家，龙旗飘扬，各国都鸣炮祝贺，这是大清王朝的龙旗第一次航行海外。沿途的华侨听闻消息，奔走相告，争相到海边观望祖国的海军，热泪盈眶，认为这是“百年未有之光荣”。虽然航程充满波折，但作为中国海军走向世界的第一步，这一页永远镌刻在史册上。

两艘战舰在香港进行了休整，补充了给养，于 10 月 18 日到达广州外江口。两广总督张树声得到消息，亲率文武官员登舰慰问。11 月 22 日，几经风吹浪打，“超勇”号、“扬威”号终于抵达大沽口，加入了正在创建中的北洋舰队。北洋大臣李鸿章十分高兴，亲自赴大沽口登舰验收。随后，他乘坐军舰前往旅顺，视察口岸形势，筹划旅顺炮台的修建工作。

赴英接舰圆满完成，清政府上下十分高兴，对接舰有功人员进行褒奖，并分任林泰曾、邓世昌为二舰管带。对邓世昌来说，最重要的可能并不是升职，而是接舰工作令他大开眼界！

这次出国接舰，邓世昌全程参与，对于此前没有任何出国经历的他来说真是异常兴奋！当邓世昌乘“海琛”号将要抵达英国的时候，远远望去，在浩瀚的大洋上，一艘艘英国船只劈风斩浪，驰骋于波涛之间，他深深感到英国“海上强国”的名不虚传。抵近军港的时候，英国的巨型军舰威武地排列着，像一尊尊猛兽虎视眈眈，朝向辽阔无边的大海，无言地展示着英国海军的强大实力。百闻不如一见，邓世昌非常直观地感受到了两国海军的差距，因此特别珍惜这次接舰的机会，尽一切可能努力学习先进的技术与经验，并研究英国皇家海军的练兵之道和相关规章制度。

在英国的这段时间里，邓世昌还跟随众人参观了格林威治皇家海军学院，留下了终生难忘的宝贵经历。该学院坐落在伦敦郊外的格林威治，并因此而得名。这里本来是国王的行宫，后来逐渐作为军事用途，1871 年时被

格林威治皇家海军学院

改建为海军学院。在格林威治皇家海军学院中，悬挂着英国著名海军将领的画像，陈列着英国舰船的模型，充分展示了英国海军的光辉历史与辉煌战绩。

面对着一幅幅英国著名海军将领的画像，邓世昌心潮澎湃。特别是纳尔逊的画像，邓世昌满怀崇敬，久久注视，心潮激荡。他深深感到，英国的崛起与兴盛离不开这些海军将领的杰出贡献，离不开他们敢打敢拼、视死如归的战斗精神，清朝想要改变积贫积弱的局面，也需要海军将士奋发有为。这更坚定了他驰骋海疆、保家卫国的雄心壮志！



### 小贴士

**纳尔逊：**18 世纪末至 19 世纪初著名的海军将领，他在 1798 年的尼罗河战役、1801 年的哥本哈根战役等重大战役中率领英国皇家海军夺得胜利。在 1805 年的特拉法加战役中，他指挥舰队击败了法国与西班牙组成的联合舰队。此役之后，拿破仑被迫放弃了进攻英国本土的计划，英国海上霸主的地位得以巩固。纳尔逊率领英国海军在此役中取得了重大胜利，但他自己却中弹阵亡，其遗体后来被运回英国，埋葬于圣保罗大教堂。

经过这次接舰，邓世昌开阔了眼界，见识了英国海军的威力，进一步了解了现代海军的作战方法，坚定了为国奉献的决心。而随着“超勇”号、“扬威”号两艘巡洋舰的加入，北洋舰队的建设向前迈进了一步。

在接收了“超勇”号、“扬威”号两艘巡洋舰后，北洋舰队的实力虽有一定提升，但还不足以应对日趋紧张的国际形势。此时的日本日益崛起，对外虎视眈眈。面对险恶的国际形势，北洋舰队感受到巨大的压力，因为除了“超勇”号、“扬威”号两艘主力军舰外，其他军舰大多实力不强，难以应对东亚的风云变幻。

1882 年，时为清朝藩属国的朝鲜发生“壬午兵变”，起义的士兵和平民焚毁日本公使馆，杀死日本官员，控制朝鲜政局的闵妃等人仓皇出逃，朝鲜陷入一片混乱。日本趁机派出“征韩军”，准备武力入侵朝鲜。为了控制朝鲜的局面，“超勇”号、“扬威”号被派往仁川。清军在汉城（今首尔）及周围地区展开行动，大举镇压起义士兵，迅速平定了局势，消除了日本干涉朝鲜内政的口实。在此次行动中，邓世昌指挥的“扬威”号立下功劳，他本人也得到了朝廷的封赏。

面对世界的风云变幻，清政府更加重视海军建设，加快了购买军舰的步伐。1887 年，邓世昌接受差遣，再次赴

特拉法加广场中的纳尔逊纪念柱

英国、德国接舰。清政府订造的“致远”号、“靖远”号、“经远”号、“来远”号四艘巡洋舰已经完工，邓世昌因为训练有素、指挥得力，因此被委以重任。

前往欧洲接舰，今天看来可能并非难事，但在当时却是极为困难的。由于北洋舰队舰艇吨位较小，难以承受大风大浪，加上经费不足，所以训练都是在近海进行的，缺乏远航训练。到深海大洋中练兵，到广袤无边的蓝海之中航行，可以说几乎没有。

好在邓世昌参与了第一次接舰，在英国参观学习的过程中，他大开眼界；而返航过程中的历练，又使他更为成熟。他认为，这次接舰任务也是难得的训练机会，所以在接舰后有意识地把军舰航行作为训练：有时按照发生火情训练，有时按照发生漏水事故训练，有时按照发生敌情进行防御训练，有时按照向敌人发起进攻训练。

邓世昌严格要求官兵，完全按照实战的需要进行正规化训练。他不惧艰险，身先士卒。在经过西班牙海域的时候，他和士兵乘坐舢板操练，返回时风急浪高，形势

邓世昌（第二排左四叉手者）等在“致远”号上合影

吓人，海水甚至扑打到舢板上。众人的衣服都被海水打湿，可不管怎么努力，就是无法顺利靠近军舰，稍有不慎，将士们就有可能葬身大海。面对险境，邓世昌沉稳刚毅，临危不乱。他亲自把舵，借着水势迂回到“致远”号侧面，众人才得以靠上军舰，转危为安。在返航过程中，将士们上下一心，精神振奋，取得了良好的训练效果。

历经长途航行，“致远”号、“靖远”号、“经远”号和“来远”号终于抵达中国。北洋舰队不仅规模扩大，更重要的是，它成为拥有铁甲舰和巡洋舰的雄武之师，实力因而大增。

# 第四章　东亚危局



邓世昌出生与成长的时代，是中国历史上的多事之秋，西方殖民者的触角已经延伸到世界各地，清朝饱受侵扰，逐渐滑向半殖民地半封建社会。与此同时，东亚的形势变幻莫测，正在发生前所未有的剧变。日本快速发展，逐渐走上了对外侵略的道路。

熟悉世界历史的人都知道，18 世纪 60 年代是一个不同寻常的年代。正是从这一时期，改变人类历史进程的工业革命爆发，瓦特改进蒸汽机是其中重要的一环。以英国为代表的西方国家先后走上资本主义道路，封建主义的城堡开始土崩瓦解，人类文明迈入工业时代的新纪元。可以说，不列颠的蒸汽机加速了整个世界的运转，历经七八十年的时间后，到了 19 世纪三四十年代，法、美、德等国相继完成了自身的技术革命，西方国家已焕然一新。

自此以后，这些最先以新技术武装起来的国家，开始以强国角色在世界大舞台上恣意妄为。对于原料来源和产品销售市场的需求，使得他们进一步走上了殖民扩张的道路，世界版图随之发生了深刻的变化。工业革命赋予西方国家强大的力量，他们的商船与军舰纵横在各大洋，但对世界其他地区来说，面临的却是猛烈的殖民掠夺。处在封建时代甚至原始时代的落后国家和地区，遭受了惨绝人寰的灾难。

资本主义的触角在不断伸展，尽管距离相对遥远，东亚国家仍未能幸免，日益陷入被侵略的境地。面对咄咄逼人的西方殖民主义者，清朝的仁人志士一再抗争，但传统的束缚使大多数中国人难以真正认识世界的发展大势，而顽固势力有意无意中也阻碍了他们前进的步伐。与近代日本遭受侵略后的反应相比，更是如此。

日本和清朝一样遭受了殖民者的入侵。1853 年，美国海军将领马休·佩里（1794—1858）率领四条蒸汽船闯入日本，在江户湾耀武扬威，舰队中的黑色近代铁甲军舰为日本人生平第一次所见。面对实力强大的钢铁怪兽，日本人极为震撼，自觉难以匹敌，因此被迫打开国门，对外通商。日本人称这次事件为“黑船来航”或“黑船事件”。

佩里登陆后，赠予幕府显示工业文明的火车机车模型和电报机，日本人从未见过，处于农业文明阶段的日本

黑船事件

只能回赠优质大米。日本深切感受到与西方国家的巨大差距，自此国内开始流行一首狂歌："四杯上喜选，终夜难入睡；四艘蒸汽船，惊醒太平梦！"在这里，"上喜选"是日本的名茶，正好与日文中的"蒸汽船"谐音，它非常形象地刻画了佩里叩关给日本社会带来的极大震动。

值得深思的是，尽管日本人对佩里率领的舰队十分害怕，但并没有把他完全视为敌人，而是开始了疯狂的学习与探索，想了解现代化黑船的奥秘。日本人绘制了大量的图画，甚至连细节都没有放过，认真摹画了下来。

佩里也没有被视为十恶不赦的恶魔，而是具有很多正面的形象和意义，画像中处处体现出他的强大与威严。或许这才是日本人最为直接的感受，甚至是膜拜的文化形象，后来日本人还专门建造了佩里登陆纪念碑。

19 世纪中叶，日本仍处于小农经济的封建社会，大权掌握在德川幕府手中，天皇并无实权。德川幕府实行“闭关锁国”的政策，社会生产停滞，人民生活极为艰难，随着欧美侵略者的到来，日本陷入重重危机之中。于是，“倒幕”运动由此爆发，幕府军队最终兵败，倒幕军斗志昂扬，高歌猛进，取得了内战的最终胜利。以明治天皇为首的日本新政府成立，开始励精图治，锐意改革，决心使日本走上富强之路。



如何走上富强之路？从当时日本人的认识来看，他们觉得就是向西方学习。以前向中国学习，现在时过境迁，要把目光转向更遥远的西方。为此，日本人组成了岩仓使团，以右大臣（大致相当于副总理）岩仓具视为首，副使包括木户孝允、大久保利通、伊藤博文和山口尚芳。明

日元上的岩仓具视像

治维新“三杰”(西乡隆盛、大久保利通、木户孝允)中的两人在使团中,只剩下西乡隆盛留守东京内阁。岩仓使团集中了日本当时的许多精英人物,还携带了 60 名留学生,访问了美、英、法、比、荷、德、俄、丹麦、瑞典、意、奥、瑞士 12 国,集中力量考察各国政治、外交、法律、军事、经济、文化教育、风俗习尚等方面的情况,历时一年零九个月,直到 1873 年 9 月 13 日才返回日本。

岩仓使团的这次考察并非游山玩水,而是进行了极为细致的观察与分析,得到的讯息影响深远。根据考察结果,日本开始了向西方学习的进程。明治天皇颁布了一系列改革法令,实施了富国强兵、殖产兴业和文明开化三大政策:在全国改革军警制度,建立新式军队,创办军工产业;学习西方文明,引进西方科技与管理;发展现代教育,培养现代人才,整体提高国民素质。这些重大变革在日本迅速展开,收效惊人。这些改革措施,使得日本成为在中国周边迅速崛起的强邦,这就是日本历史上著名的“明治维新”。

日本较为坚决地向西方学习,而且国家较小,没有大清王朝沉重的历史包袱,因此“明治维新”后仅仅经过 20 多年的发展,国力就日渐强盛起来,先后废除了幕府时代与西方各国签订的一系列不平等条约,重新夺回了国家

日本纱厂



独立的主权，并最终进入了近代化国家的行列。

可以说，“明治维新”是日本历史的转折点。日本从此走上了独立发展的道路，并迅速成长为亚洲乃至世界强国。为了更好地发展资本主义，日本和西方殖民主义国家一样，眼光开始向外看，急迫地需要开拓海外市场；加上历史上固有的军国主义阴魂不散，因此在羽翼并不丰满的时候，就开始准备武力侵略，迅速走上了依靠战争手段疯狂对外扩张的军国主义道路。

与日本的迅速发展相比，清朝虽然同样被西方的坚船利炮和近代科技冲开了大门，而且清朝的有识之士也开始警醒，但清朝革新前进的步伐相对缓慢，没有清醒地认识到与中国“一衣带水”的日本已经悄然崛起，并且很快就将撕下恭顺、温情的面纱，伺机在东亚展开疯狂掠夺。

日本天皇阅兵图

日本在东亚展开侵略，首先将矛头指向朝鲜，因为朝鲜可以成为其侵略中国大陆的跳板。

日本侵略朝鲜半岛的历史极其漫长。唐朝以后，日本逐渐强大，希望在东亚建立起以日本为中心的新秩序，征服朝鲜是实现其目标的第一步。在朝鲜史书《三国史记》中可以看到，从倭国时代开始，日本就有攻打朝鲜半岛的记录。到了隋唐时期，日本对朝鲜半岛的侵略更进一步，由此而发生了公元 663 年的白江口之战。

朝鲜半岛在公元 1 世纪左右进入三国时代，分成高句丽（又称高丽）、新罗、百济三个国家。公元 6 世纪时，高句丽为抗衡中国，与突厥、百济以及与百济关系密切的

日本军人和德国军事顾问

日本结成同盟，中国则与受到高句丽、百济威胁的新罗结盟。

公元 660 年，百济在高句丽的支持下，举兵入侵新罗。新罗实力较弱，难以抵挡，只能紧急向唐朝求救。唐高宗接到消息，立即命左武卫大将军苏定方为统帅，率 13 万大军东渡。大军一路势如破竹，百济王被俘往长安，百济王朝由此崩溃。次年，百济遗臣密谋复国，两次派使者前往日本请求援助，并请求释放在日本做人质的百济王子。这一做法与日本一拍即合，因为日本正企图在朝鲜半岛扶植亲日政权。日本顺水推舟，派军护送百济王子回国，百济朝廷又被重新拼凑起来。

但好景不长，百济内部很快就发生内讧，百济王子请求日本派兵。消息传至唐朝，唐高宗立即派右威卫大将军孙仁师率军出发，增援与百济作战的唐军。日本支援百济的水军与唐军在白江口遭遇，结果日军暂时失利并后退。日军将领和百济国王会商后，认为日军有战船400余艘，唐军仅100余艘，日军的力量占优，因此决定与唐军再次交战，双方在白江口激烈交锋。唐军数量并不占优势，但统帅指挥得当，船队变换阵形，分为左右两队，将日军围在阵中。日军战船相互碰撞，无法回旋，乱作一团，最终被全部焚毁，伤亡惨重。

白江口之战使百济的复国梦破灭，百济王逃往高句丽，百济彻底灭亡。更为重要的是，白江口之战的胜利，彻底粉碎了日本入侵朝鲜半岛的野心。日本害怕唐朝军队进攻本土，所以一面加强防卫，一面调整对外政策，向

日本遣唐使

唐朝臣服，开始以中国为师，走上了学习中国、自强发展的道路。

到了丰臣秀吉时期，日本出现了大变局。丰臣秀吉生于 1537 年 3 月 17 日，是日本战国时代、安土桃山时代著名的封建领主。他因侍奉织田信长而崛起，完成了织田信长所未能完成的事业，统一了日本，成为日本全国的实际统治者。



**小贴士**

**织田信长**：生于 1534 年 7 月 2 日，逝于 1582 年 6 月 21 日。他最初为尾张国势力较小的大名，后来力量逐渐壮大，通过拥护足利义昭而逐渐控制京都。他逐个击破各个势力，掌握了一大半的日本领土。织田信长还实行了近代化措施，开拓了日本通向近代的道路。但就在他即将统一全国之际，却因家臣明智光秀谋反而自杀。

统一日本后，丰臣秀吉的野心进一步膨胀。1590 年冬天，他公开致信朝鲜国王，野心勃勃地宣称要率领日军“长驱直入大明国”，威逼朝鲜臣服。1592 年，丰臣秀吉开

丰臣秀吉

始付诸行动。他派遣 20 万大军直扑朝鲜，朝鲜的李氏王朝无力阻挡，日军势如破竹，两个月就占领了京城（汉城，今首尔）、开城、平壤三大城市，朝鲜只能向明朝求援。

明神宗朱翊钧深深明白唇亡齿寒的道理，朝鲜告急不能等闲视之，决不能坐视不管，因此决定出兵援助。在经过短暂的挫败后，李如松被任命为东征提督，担负起了援助朝鲜的重任。李如松是名将李成梁的长子，从小就在金戈铁马的战场锤炼成长，自幼学习兵书战策，而且骁勇善战，由于跟随父亲长期居于东北，对朝鲜的情况也较为熟悉。

李如松来到朝鲜后，率军与日军展开激战。他亲自率领军队攻打平壤，日军居高临下，拼命守城，炮弹与箭矢如同暴雨一样倾泻而下，明军不畏强敌，在李如松指挥下奋勇争先。在激烈的战斗中，游击将军吴惟忠壮烈牺牲，李如松的坐骑也被敌人的炮火击毙，但明军将士舍生忘死，愈战愈勇，斩杀日军 1500 余人，烧死 6000 余人，另外还有5000余人落水淹死。明军取得了辉煌胜利，平壤被一举收复。

日军不仅在陆战中吃到了苦头，而且在海战中也遭遇惨败。朝鲜任命李舜臣为全罗左道水军节度使，他上任以后，加紧补充水师，制造大量火药、武器和战舰，为战争做了大量准备工作。特别值得一提的是，他还建造了十分奇特的水上战舰——龟船。

龟船是一种设计独特的战舰，船身一般近20米长，约4米多宽。造船的用料极为坚硬，船上还覆盖着硬木制成的外壳，再铺上铁板，铁板上插满刀子和锥子。如果敌人攀爬船只，就会被刀子和锥子刺死。船头装有龙头，龙嘴能够喷射烟雾和毒气，船身广布枪眼和炮眼。在当时来看，这种造型奇特的战舰让人惊讶，在实际战斗中能够做到出奇制胜，日军因此屡屡被打败。

李舜臣塑像

1592年5月1日，李舜臣得知玉浦港停靠着50余艘日本战船，决定利用日军上岸抢劫、船上防守空虚的良机，指挥龟船90余艘迅速发起偷袭。日军起初看到大群“乌龟游泳”，有些莫名其妙，等龟船驶近，发现原来是战舰的时候，都惊愕不已，手脚无措，一时间陷入慌乱。李舜臣指挥战舰炮火齐发，日军还没来得及抵抗，就已经损伤惨重，转眼间 40 余艘日军战船被炸毁甚至击沉。李舜臣后来又指挥朝鲜水军取得了多次胜利，对日军构成很大威胁。

龟船

日军遭到挫败之后，只能暂时延缓了对朝鲜的侵略。但对丰臣秀吉来说，这是一场准备周密的侵略战，并不会就此终止。数年之后，丰臣秀吉于 1597 年又一次发兵侵略朝鲜，明朝军队再次迎战。在没有分出胜负的情况下，日本国内风云突变，丰臣秀吉于 1598 年 7 月 9 日神秘离世，日军只好退兵，战火由此而熄灭。

回顾历史可以看出，中国努力维持朝鲜半岛的和平与稳定，这也符合中国一贯的周边政策。比如，唐朝对于周边臣服的国家，很多时候不但不收税，反过来在经济文化上给予支援，这是因为中国的封建王朝看重的并不是经济利益，而是维护朝贡体系的稳定。作为宗主国，中国并不掠夺周边国家，当藩属国送来贡品时候，回赠的物品常常极为丰厚，在实际价值上超过贡品，以此向藩属国显示自己的富有和强大，并维持周边的和平。后来的统治者，一直到清朝都在沿用这一办法。



### 小贴士

**朝贡**：朝拜和进贡的简称，是两国或两个政府之间的一种承认尊卑地位的礼节性外交关系，小国以朝贡的方式换来大国对其政治地位的承认。在唐朝以后，这种朝贡关系又发展成朝贡贸易，成为中国与其他国家贸易往来的主要形式。

对于日本而言,侵略与掠夺朝鲜半岛,进而以此为跳板侵略中国,这一方针在其历史上若隐若浮,长期存在。尽管在唐代与明代,日本侵略军都被中国军队击败,但日本的这一方针并没有被真正放弃,而是暂时隐忍,等待时机。

明治维新后,随着国力的增强,日本统治阶级制定了大陆政策,把侵略的矛头再次指向朝鲜和中国,这一政策正是以往对外侵略的延续。历史惊人的相似,吞并朝鲜仍然是日本侵略计划中的重要一环,吞并朝鲜后就可以用它作为跳板,继续侵略中国。当时朝鲜还是清政府的藩属国,与当年丰臣秀吉侵略朝鲜的形势相似。为了避免重蹈覆辙,日本不再采取直接出兵这种赤裸裸的做法,而是采取了外交、政治、经济相结合的手段,利用清政府腐败没落的态势,一步步吞并朝鲜。

1874 年,日本以琉球人在台湾被杀为借口,派兵 3000 人在台湾登陆,美国人也参与了指挥作战。8 月 5 日,日本派大久保利通为全权大使,赴清朝交涉。英、法、美三国从中“调停”,逼迫清政府向日本让步。此时,清政府处在西北边疆和东南海防两头吃紧的状况中,首尾无法兼顾,被迫于 10 月 31 日由恭亲王奕䜣与日本全权办理大臣大久保利通签署了《台湾事件专约》,承认日本出兵台湾是“保民义举”，并赔款军费 50 万两，以换取日军撤出台湾。

随后，日本就这一条约借题发挥，认为清政府承认了琉球为日本的藩属国。1879 年，日本利用这一口实吞并了琉球，改为冲绳县，自此琉球不复为中国藩属。

康熙皇帝御赐琉球国王金匾

日本通过制造台湾纠纷，试探出清政府的虚实，看穿了其外强中干的本质，侵略的步伐更进一步。1875 年 9 月，日本派军舰到朝鲜挑衅，制造了“江华岛事件”。1876 年，日本以“江华岛事件”为借口，用武力逼迫朝鲜开港，并签订了《江华条约》，为下一步的侵略奠定了基础。

**小贴士**

**江华岛事件**：又称“云扬号事件”。1875年，日本派遣“云扬”号等3艘军舰先后骚扰朝鲜的釜山、江华岛一带，进行炮击寻衅，与朝鲜的守军发生军事冲突。日军战斗力明显较强，大获全胜。



日本侵略朝鲜的步伐并未中止，如同嗜血的恶狼，变得更加疯狂。1880年，日本在汉城（今首尔）设立公使馆，以此为据点，积极支持朝鲜政府的反对派，插手朝鲜内政。当时，朝鲜统治阶层陷入分裂，分为以国王的亲生父亲大院君为首和以王妃闵妃为首的两派，闵妃集团经过斗争，将大院君集团压倒，独揽朝鲜的大权。1882年7月，汉城（今首尔）发生士兵起义。对闵妃心怀不满的起义者攻入王宫，火烧日本领事馆。闵妃集团见势不妙，急忙向清政府求助，请求派兵镇压起义。清军进入朝鲜之后，扣留了趁机夺权的大院君，闵妃重新掌握政权。

由于朝鲜是清朝的藩属国，清政府的这些举动合情合理。但未料到的是，日本借机逼迫朝鲜签订了《汉城条约》，并派伊藤博文为特命大使与清政府交涉。1885年4月18日，伊藤博文与李鸿章会谈，通过签订《天津条约》，日本取得了在朝鲜和清政府平等的地位。这样，日本向朝鲜扩张更加便利。

伊藤博文

日本通过与清政府的试探性交锋，已经大致清楚了其底细，于是开始大肆扩军备战，准备与清政府决战，以实现多年的夙愿。正在这时，朝鲜局势再次发生变化，给日本入侵提供了绝好的良机。

1894年，朝鲜爆发了东学党起义。东学党又称东学道，或东学教，其创始人为崔济愚。他认为朝鲜的各种问题，都是西方文明东来而引发的，所以应该反对西方文明。崔济愚整合儒释道等思想资源，以诚、敬、信为基本教义，创建了东学道。朝鲜李朝政府认为崔济愚传播异端邪说，蛊惑人心，因此将他处以死刑。崔济愚的离世并没有中止其思想的传播，社会下层从中寻找到了精神慰藉，纷纷接受了他的思想。

1894 年春，朝鲜政府修筑水利灌溉工程问题引发了全罗道民众的反抗，东学道首领全琫准举起大旗，率众起义。起义军攻城略地，开仓分粮，救济穷人，一路势如破竹，与统治者进行激烈对抗。



### 小贴士

**全罗道**：道名由全州和罗州合成，始于高丽王朝，原称全罗州道，15 世纪简写为全罗道。这里有面积较大的平原，土壤肥沃，还有高山地区，风景非常优美。

朝鲜政局的变化牵动着中日两国的神经，两国互相警惕，担心局势的变化造成利益损失。就在中日两国按兵不动、细加斟酌的时候，东学党起义进一步发展，呈现出向京都进攻的迹象，局势越发失控。朝鲜统治者对镇压起义力不从心，难以应对，于是派人请求清政府给予援助。北洋大臣李鸿章得到消息后，主张出兵干预。日本内阁获知朝鲜已向中国求救，立即进行紧急磋商。在紧急磋商过程中，日本内阁认为，如果清政府向朝鲜派遣军队，日本也必须向朝鲜派遣相当数量的军队，以维持中日两国在朝鲜的均势。

朝鲜政府听说日本也要出兵，感到局势的发展十分不妙，所以请求清军暂时不要登陆。作为清政府常驻朝鲜的使节，袁世凯没有采纳朝鲜方面的意见。朝鲜生怕刺激日方，所以又转请日本不要出兵。日本哪能错过这个制造事端的良机，而且事实上，日本军队已经踏上了前往朝鲜的征途，开弓没有回头箭。6 月 9 日，日军抵达仁川。

就在中日军队同时进入朝鲜之时，朝鲜内部的局势发生了变化。起义领袖全琫准等认识到，起义军与朝鲜政府的对抗已经引发了中日武装力量的干涉，潜在的危机难以预测。因此，起义军放弃了“驱兵入京”的计划，转而与朝鲜政府进行谈判。朝鲜政府本已手足无措，能够与义军谈判正是求之不得，因而

全琫准

答应了东学党起义军提出的改革方案，包括严惩贪婪暴虐的官吏和富豪、取消封建等级制度、废除苛捐杂税和公私债务、废除奴婢和贱民制度、严惩私通日本者、平均分配土地等。

和谈之后，起义军撤出了全州，在自己控制的 53 个郡县建立起政权机构，朝鲜的局势暂时稳定下来。中日出兵朝鲜的理由不复存在，各国均希望中日撤军，维护朝鲜的和平局面。

# 第五章　走向战争

鉴于东学党起义军与朝鲜政府实现了和谈，朝鲜局势已经稳定下来，袁世凯与日本公使大鸟圭介举行会晤，双方达成共识：中国不再增兵，日本后续部队不再登岸，原船返回。朝鲜一触即发的危机终于看到了解除的曙光。

但是，树欲静而风不止，日本政府并不愿意放过浑水摸鱼的机会。日使照会清政府，否认朝鲜是中国的藩属之邦，声称根据《济物浦条约》中的第 5 款"日本公使馆置兵员若干备警事，设置修缮兵营，朝鲜国任之"，日军不必撤军，驻扎在朝鲜完全合乎条约规定。随后，日本政府又向清政府提出"共同改革朝鲜内政"的要求，声称如果清政府不接受这个建议，那么日本将独自进行。

直隶总督兼北洋大臣李鸿章意识到，日本政府心存不轨，形势的发展可能会极为险恶。但为了不刺激日本，他并没有进行更多的军事应对，而是想通过"以夷制夷"的策略来解决问题。

当朝鲜危机发生时，英、美、法、俄、德诸国军舰纷纷向朝鲜集结。李鸿章相信，各国对东亚的局势不会坐视不理，它们的介入能让中国避免与日本正面冲突，中国可以继续主导东北亚秩序。但是，李鸿章的策略没能取得成功。当李鸿章请求英国调停时，英方虽然表示“很不愿意看到远东出现动荡局势”，但只提出了一项并无多大实际价值的建议，呼吁中日双方同时撤军，并在朝鲜京城周围建立一个中立地带。李鸿章的外交努力没有取得实际成效，当看到和平解决的希望最终破灭的时候，他决定向朝鲜派兵增援。

### 小贴士

**《济物浦条约》**：1882 年 8 月 30 日朝鲜与日本在朝鲜济物浦(今仁川)签订的不平等条约。日本以朝鲜“壬午兵变”为契机，借口日本人在朝鲜被杀，强迫朝鲜政府签订《济物浦条约》，同时附录《修好条规续约》。该条约不仅使日本获得了朝鲜的巨额赔款，更规定了日本在朝鲜的驻军权，进一步扩大了日本的侵略势力，加剧了朝鲜半岛的危机。

清政府派北洋舰队巡洋舰“济远”号、“广乙”号，训练舰“威远”号，炮舰“操江”号，由“济远”号管带方伯谦率领，护送运载援兵的“爱仁”号、“飞鲸”号、“高升”号三艘雇佣的英国轮船赴朝。李鸿章之所以雇佣英国船只，就是担心中国军队会遭到日本的袭击，希望日军能够忌惮船只上的英国国旗，不敢贸然发起战争。1894 年 7 月 23 日，“济远”号和“广乙”号两艘中国军舰抵达朝鲜牙山，掩护运送清军的运兵船登陆。24 日下午，“济远”号、“广乙”号编队在朝鲜牙山湾外驻泊，保护运载中国陆军的运兵船安全入港，进行人员和物资装卸。正当一切都在忙碌进行时，牙山湾口外的南洋湾突然出现了一艘日本军舰，但很快，日舰就失去了踪影，这些诡秘的迹象给人们带来了不祥的预兆。

下午时分，“威远”号从仁川返回，带回了令人震惊的消息：7 月 22 日，朝鲜政府拒绝了日本的无理要求——日本政府强令朝鲜断绝与中国的藩属关系并驱逐在朝的中国军队，朝鲜的形势骤然变化。以朝鲜开化党人为内应，日军于 23 日凌晨攻克汉城（今首尔），闯入王宫，杀死了朝鲜的实际掌权者闵妃，开始拼凑并扶植傀儡政权。战争实际上已经悄然打响！与此同时，“威远”号还从驻泊在仁川的英国舰队得知“倭大队兵船明日即来”，日军大批部队很快就要抵达，朝鲜整体局势已经是山雨欲来风满楼。

方伯谦

面对局势的变化，方伯谦深感不安，决定不再按原计划等待最后一艘运兵船“高升”号的到来，而是带队紧急离开牙山湾，以防被日本海军主力舰队攻击。他认为木壳训练舰“威远”号过于孱弱，不堪一击，遂下令于当夜9时15分先行返航，而“济远”号、“广乙”号则等到25日拂晓4时完成任务后驶离。

7月25日，天气晴朗，微风轻拂，大海之上波澜不兴。清晨5时，一轮红日喷薄而出，海面上金灿灿的一片。但是，这美景之中却蕴含着随时可能发生的危险。时间指向5时30分，中国军舰突然发现，西南方煤烟升腾。随着双方的靠近，瞭望兵已经能够确认，三艘日本军舰赫然驶来，其中一艘为“吉野”号、一艘为“浪速”号，另外一艘不知名——这是日本新近投入使用的“秋津洲”号战舰。

双方的遭遇看似突然，其实日舰并非偶然驶来。日方通过情报系统，早已掌握了清军的动向，日本军舰是有备而来。

日军“吉野”号战舰

方伯谦清醒地认识到形势危急，他命令编队进入备战状态。随着旗语的升起，警报顿时传开，全体官兵各就各位，开始忙碌地向甲板上输送弹药，大小炮位的炮口罩全部被摘去，炮架上的固定锁链一一松开。中国的两艘战舰虽然处于弱势，但已经做好了迎战准备，只要敌人发起挑衅，将士们将毫不犹豫，立即展开激烈还击。

从双方力量对比来说，中国舰队处于弱势地位。编队中实力最强的“济远”号，也已经是十余年前德国建造的老式巡洋舰，不仅规模较小——排水量为 2300 吨，炮火威力有限，而且航速只有 16.5 节。“济远”号之后，巡洋舰“广乙”号更为弱小。这艘军舰是战前广东水师派出北上支援的国产军舰，排水量只有 1030 吨，航速和“济远”号相同，炮火威力却更为有限。而日本方面，三艘军舰不仅建造年代较新，航速更快，而且排水量明显占有优势——“吉野”号排水量为 4200 吨，“浪速”号排水量为 3700 吨，“秋津洲”号排水量为 3100 吨。可以说，“济远”号和“广乙”号明显实力不济，在双方正面交锋的情况下，它们只能奋勇前进，接受敌人炮火的无情考验。

随着双方驶近，日军三艘军舰挂出了立即作战的信号。7 时 45 分，“吉野”号首先发难，向中国兵舰悍然开炮——日军不宣而战，“济远”号毫不示弱，奋勇还击，中日甲午战争的帷幕由此拉开。

日本浮世绘《丰岛海战》

7时52分，“济远”号发射第一炮还击“吉野”号。7时55分，“秋津洲”号开始向“济远”号发炮；7时56分，“浪速”号也向“济远”号开炮。日军三艘军舰集中攻击实力相对较强的“济远”号，炮声隆隆，弹如雨下。“济远”号将士不畏强敌，奋勇作战，拼死战斗。此次战斗中，表现最为英勇的是帮带大副沈寿昌。他亲自掌舵，指挥炮手还击，双方激战1小时20余分。鏖战之际，日军击中“济远”号望台，沈寿昌不幸被击中头部，壮烈牺牲。枪炮二副柯建章见此情形，义愤填膺，继续督炮击敌，也不幸被飞弹击穿胸部，当场阵亡。在大副、二副牺牲之后，黄承勋作为舰上的实习生，不顾安危，愤然登上望台。根据幸存者的记述，“平时他一副文绉绉的学生样子，现在却临危不惧，也是一条真正的汉子”。他指挥士兵继续战斗，不幸被敌人击断一臂，士兵赶紧将他救入舱内，准备裹伤治疗。他坚决予以制止，让士兵各守岗位，不要延误时间，终因伤重不治，年仅21岁。

在双方激战之时，“广乙”号尽管实力孱弱，将士们还是奋勇投入战斗，但很快就被击中两弹，船身逐渐倾斜。顽强的将士们并没有放弃，仍与日舰继续作战。在枪炮烟雾的遮掩下，“广乙”号出现在“浪速”号的后方，结果遭到大炮射击，损伤惨重，已经无法再战，只能转舵遁去。

日舰看到“广乙”号失去战斗力，没有追赶。“广乙”号逃脱后，驶至朝鲜西海岸十八家岛搁浅。管带林国祥为了避免战舰落入敌手，放火焚船，率残部登陆得以生还。“广乙”号成为甲午战争中殉国的第一艘军舰，但并不属于北洋舰队。

“广乙”号被迫退出的时候，中日双方的战斗并没有结束。正是因为将士们敢于直面强敌，视死如归，顽强战斗，才鼓舞了军心。“济远”号官兵也前赴后继，拼死搏战。

在中日双方激烈鏖战的时候，“济远”号忽然发现在西南洋面升起一缕黑烟，“操江”号正在护送“高升”号运兵船驶往牙山。“济远”号立即打起旗语，告知对方已经开战，但“高升”号和“操江”号都没能看到，而是继续行驶。日本军舰发现后，“浪速”号转舵拦截“高升”号，“秋津洲”号回航追逐“操江”号，“吉野”号继续尾追“济远”号。趁着这一喘息的机会，“济远”号将士迅速调试大炮，准备继续战斗。此时，“济远”号身受重伤，前炮的旋转底座已经失灵，没有办法瞄准。幸运的是，后炮还可以勉强使用。

午刻时分，日舰“吉野”号追了上来，方伯谦下令升起白旗，然后又升起日本军旗，却并没有停船。这种举动，

丰岛海战铜版画(“浪速”号正在攻击“高升”号)

使得“吉野”号误以为“济远”号已经投降。“吉野”号的追击越来越近,“济远”号150毫米口径的后主炮连发四弹,第一发打中“吉野”号的舵楼,第二发击中船头,第三发未能命中,第四发中其要害,“吉野”号的船头立时低俯。“吉野”号遭受重创,“济远”号九死一生,最终拖着残破的身躯,返回了威海。

“济远”号能够死里逃生,甚至还重创了“吉野”号,这与将士们英勇无畏、舍生取义的战斗精神密不可分。在历史记录里,无数的王公贵族、文人骚客千古留名,而普通人却无声沉默,历史舞台上缺失了他们的身影。其实,他们可能发挥了我们想象不到的作用。幸好，我们细心找寻，还能发现一些线索，在历史的长河中打捞出一些珍贵的碎片。“吉野”号未能俘获“济远”号，很大程度上就在于它遭受了“济远”号水手王国成的重创。

王国成这位出身低微的平民英雄，生于1867年，死于1900年，山东文登人。他自幼出生于一个贫苦的农民家庭，成年后，投北洋舰队成为练勇。学习期满，他被派往“济远”号当水手。本来他并没有肩负炮手的职责，但基于爱国义愤，他挺身而出，在另一位水手李仕茂的协助下，用150毫米口径的后主炮对准“吉野”号。他暗暗祈祷，希望能够得到神灵庇佑，他对李仕茂说：“兄弟，现在看关二爷是不是保佑咱们了！”猛然拉动了炮绳，大炮发出震天的怒吼，重创了气势汹汹的“吉野”号，保全了“济远”号。王国成与李仕茂都是寂寂无闻的小人物，但他们在关键时刻迸发出来的力量、表现出来的勇气，令人赞叹，值得永记史册！

在这次海战中，清军遭受了较大的损失。“济远”号遍体鳞伤，撤出了战场；“广乙”号搁浅之后，被迫焚毁；运兵船“高升”号被日舰击沉，船上千余名中国官兵大部分壮烈牺牲；“操江”号则被日舰掳走。

这次海战也留下了一个难解之谜：方伯谦在激战中

到底表现如何，他的真实意图是什么？在双方激战之时，有人说方伯谦当时躲入了船舱，惧战畏战；但也有人说，他当时与帮带大副沈寿昌两人站在一起，指挥将士奋勇作战，甚至沈寿昌牺牲时，脑浆鲜血还沾湿了方伯谦所穿的军衣。方伯谦在指挥“济远”号驶离的时候，升起白旗与日本军旗，这一点并无疑问，但他的真实意图到底如何？有人认为，方伯谦是畏战投降，所以才有这一举动，而“济远”号发炮击伤“吉野”号，是爱国水兵们的自发举动。但也有人不同意这一看法，著名甲午战争专家戚其章认为：“吉野若非伤重，以其航速及战斗力均较济远为高，何故不追？方伯谦若非诈敌，则可停船不必逃遁，更不必发炮击之。”戚其章将方伯谦挂白旗的举动视为计谋，认为他是在实力不济的情况下智取“吉野”号，保全了“济远”号。历史真相到底如何，如同被云雾笼罩，已经很难清楚地了解。

# 第六章　甲午悲歌

丰岛海战失利的消息很快传至北京，清政府上下一片哗然，日军赤裸裸的战争行径让人愤慨，众人纷纷要求对日开战。在这种背景下，清政府于 1894 年 8 月 1 日对

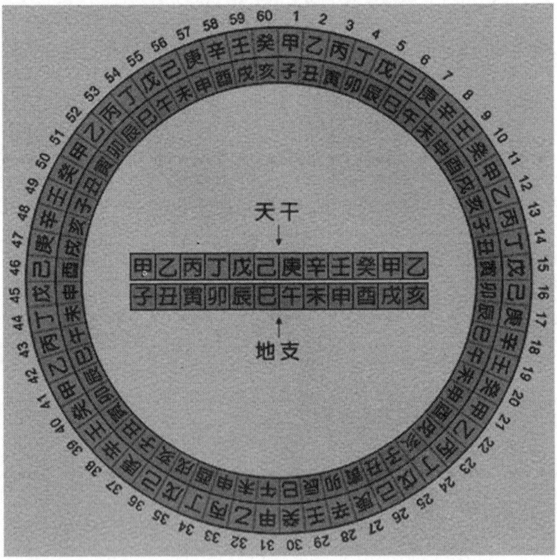


干支纪年法

日宣战，日本也于同日对华宣战。这一年正是中国传统干支纪年法中的甲午年，这场战争史称甲午战争——后来它成为中国人最为惨痛的历史记忆之一！

### 小贴士

**干支纪年法：**中国传统的纪年法，由十天干与十二地支依照一定的顺序配对组成。十天干指甲、乙、丙、丁、戊、己、庚、辛、壬、癸，十二地支包括子、丑、寅、卯、辰、巳、午、未、申、酉、戌、亥。干支纪年法以天干首字甲、地支首字子合为“甲子”第一年，依次“乙丑”为第二年，“丙寅”为第三年……直到最后“癸亥”为第六十年。六十年轮回一次，称一甲子，周而复始。

中日甲午开战，北洋舰队的作用极为重要，邓世昌、林永升、刘步蟾等将士壮志满怀，他们摩拳擦掌，要与敌人血战到底，洗刷丰岛海战的耻辱。各艘军舰都解除了舢板，仅留下六桨小艇一只，将士们用行动表现了英勇赴国难的决心——舰存人存，舰亡人亡，绝不借着舢板逃生。北洋舰队捍卫大清王朝的决心感天动地，可歌可泣的铁血舞台徐徐拉开了历史的帷幕！

甲午战争爆发后，中日双方在陆地、海洋激烈交锋。在陆战中，平壤之战是战争期间两国陆军的一次决战，尽管清军、日军人数相当，结果却是清军遭遇惨痛失败。

为了增援先期入朝的清军，清政府先后调遣总兵卫汝贵指挥的盛军、马玉崑指挥的毅军、左宝贵指挥的奉军和副都统丰升阿指挥的奉天、吉林练军赶赴朝鲜。8月上旬，各部抵达平壤，加上前期已经在朝鲜的、由直隶提督叶志超指挥的芦榆防军，清军总兵力达1.3万人，拥有野炮4门、山炮2门和快炮6门。

鉴于平壤当时为朝鲜平安道的首府，是朝鲜北部水陆交通枢纽，所以清军重兵对其予以防守，而这里也成为日军进攻的重点。日军陆军第一集团军兵分四路，直扑平壤，采取的是合力围攻的策略，总兵力达1.6万人，拥有各种火炮约30门。

9月14日，日军完成了对平壤的包围。次日晨，日军从三个方向发起攻击。日军少将大岛义昌率混成第九旅，向驻守平壤城东南、大同江沿岸的盛军、毅军阵地发动进攻；少将立见尚文率朔宁支队、上校佐藤正率元山支队，向玄武门外牡丹台的左宝贵部奉军堡垒发起进攻，为

日本浮世绘《进攻平壤》

主攻方向；中将野津道贯率第五师主力，进攻大同江北、平壤城西北方向的叶志超部芦榆防军阵地。

中日双方激烈厮杀，战斗一直持续到午间。日军第五师主力因遭受清军顽强反击，伤亡较大，暂时停止了进攻。防守大同江沿岸的卫汝贵、马玉崑所率清军，互相配合，不畏强敌，在船桥里附近击退日军混成第九旅的多次进攻，毙伤日军430余名，旅长大岛义昌少将也被击伤。城北的战事更为激烈，左宝贵率奉军1500人驻平壤城北山顶，守卫牡丹台与玄武门，兵力不及日军的1/5，山顶数垒先后失守，清军遂退守玄武门。日军居高临下，集中炮火轰击玄武门，形势极为紧张，左宝贵最终中炮身亡。玄武门失守，清军被迫退至平壤内城。

左宝贵是甲午战争中清军高级将领血洒疆场的第一

人。他是今山东省平邑县人，1837 年 10 月 18 日出生于一个贫苦的回族农民家庭，因父母早逝，自幼生活孤苦，尝遍了人间疾苦。1856 年，左宝贵与两个弟弟投效江南军营，开始了戎马生涯。他作战勇敢，屡立功劳，所以升迁很快。在率军进入朝鲜之后，由于昼夜操劳过度，左宝贵突患“右偏中风”，即便如此，他仍然拖着病躯积极筹备战守。



当日军向清军猛扑，对玄武门造成极大威胁的时候，左宝贵知道形势已经很难挽回。他抱着慷慨就义的决心，率军浴血奋战。当部下劝他换掉翎顶和黄马褂，以免引起敌人注意成为首要攻击目标时，他斩钉截铁地予以拒绝：“我穿上朝服，就是为了让士兵知道我身先士卒，不惜生命，敌人关注我，有什么可怕的?!”左宝贵身先士卒，亲自点燃大炮，先后发射榴弹 36 颗，极大地激励了清军士气。在激战

左宝贵

中，一发炮弹突然飞来，清军的火炮被敌人击碎，弹片击穿了左宝贵肋下。但他早已将生死置之度外，裹上伤口，继续指挥战斗，鲜血染红了征袍。清军士兵看到左宝贵舍生忘死，无不感动，坚持英勇战斗，誓死防守，打退了日军的三次进攻。不幸的是，激战过程中又有炮弹飞来，打穿了左宝贵的身体。日军乘势占领了玄武门，营官杨建胜见城门失守，带着左宝贵的尸体想冲出玄武门，最终死于乱军之中，两人的尸骸荡然无存。

后来，清军将士只找到了左宝贵的一领血衣和一只朝靴，由平壤护送回国。在甲午战争中，前有左宝贵在平壤壮烈殉国，后有邓世昌血染海疆，这两位英雄被全国各族人民纪念凭吊。穆斯林称他们为甲午“回汉双忠”，永远为后世所崇敬！

日军虽然攻占了牡丹台和玄武门，但仍被阻于平壤内城以外，而且已成强弩之末，无力继续强攻，当天的战斗就这样结束了。在平壤西、南两处，清军同样浴血奋战，日军的进攻并不顺利。经过一天的战斗，日军死亡 189 人，受伤 516 人，清军伤亡人数则少于日军。日军所带的弹药、口粮都消耗殆尽，露宿在平壤城外，还遭受着风吹雨淋，处境并不乐观。

作为清军统帅的叶志超，在这一关键时刻却没能把握住形势。玄武门失守、左宝贵殉国，让他心生恐惧，动摇了他的抗敌信心。看到自己一方弹药已然缺乏，粮草供应不济，他召集各将领商讨放弃平壤的防守，撤军至鸭绿江设防。

日本浮世绘《平壤之战》

当晚8时，清军开始撤退。为了行军轻便，叶志超下令放弃辎重，在大雨倾盆之际，清军冒雨蜂拥出城。日军听到人马奔腾，急忙投入战斗。清军乱作一团，死伤惨重，混乱所造成的死伤人数达到2000多人，远远超过了在战斗中的损失。9月16日拂晓，日军发现清军已经完全撤离，随之顺利占据了平壤。平壤战役后，清军全部退至鸭绿江边，日军完全控制了朝鲜。

在平壤之战中，清军统帅叶志超和众将商议后，决定弃城而去，如同惊弓之鸟，一路狂奔500余里，退过了鸭绿江，成为中国近代历史上一个逃跑典型。甚至日本人都把他当成笑料，在报刊上加以讽刺："功名非所慕，一意只奔逃。鹤唳风声际，知君汗马劳。"叶志超在后世人们的心目中成为胆小的鼠辈，但事实并非人们想象的那样简单。

叶志超身材魁梧，猛力过人，早年时人送绰号"叶大呆子"，是说他作战勇猛，不畏生死。传说他参加镇压太平军时，在一次激战过程中被枪弹击中了腰部，一下子扑倒在地，人们都以为他命丧黄泉，可是他猛然站了起来，继续投入战斗。原来，枪弹幸运地击中了他的腰刀，叶志超毫发无损。后来，叶志超在战场上也总是一马当先，冲锋陷阵，屡建战功，1889 年被擢升为直隶提督。从履历来看，叶志超堪称久经沙场、功勋卓著的战将。

但在朝鲜战场上，叶志超却判若两人，我们不能不感慨时间的流逝使他发生的蜕变。随着年事日长、职位日高，叶志超已经不复当年之勇，当朝廷命他率军奔赴朝鲜时，他迟迟按兵不动，在催促下才勉强动身。在担任平壤各军统帅时，他并没有积极侦察敌情、审时度势，而是依靠天津的电报进行决策，在战局紧张的情况下，还有心思喝酒享乐。叶志超从"叶大呆子"到成为狂奔五百余里的笑料，不能不让人感慨战斗精神的衰竭，享乐主义的滋生,是如何侵蚀了一位沙场老将勇敢的心!

中日两军在朝鲜激烈交锋的同时,海上的较量也在逐步展开。丰岛海战发生之后,日军偷袭的卑劣行径激起了邓世昌等北洋舰队将领的极大愤慨。8月2日,北洋舰队提督丁汝昌率六艘军舰巡弋朝鲜大同江的洋面,不过由于日舰已经躲避起来,双方未能遭遇。此后,北洋舰队巡游往返于威海、大同江、旅顺一线,主要据守关塞。清政府内部对战争并没有清醒认识,而日本已经全国动员、高速运转,倾全国之力投入战争赌博,双方的决战箭在弦上、一触即发!

需要指出的是,当时中日双方的指导思想并不一致,北洋舰队的战略是"保船制敌",而日本海军的计划是决战海洋,夺取制海权。战略方针的不同决定了双方行动的不同,北洋舰队据守关塞,而日本海军却主动进击,处于攻击性的态势。9月13日,日本舰队长驱鸭绿江口,搜寻北洋舰队主力,不久双方便在这一带相遇了,从而爆发了举世震惊的黄海大战。

鉴于朝鲜的战事已经开始,局势十分危急,在朝鲜的清军孤悬海外,实力上并无优势,为了增援在朝鲜的清军,清政府决定增派人马。9月14日,这一天正是中国的传统佳节——中秋节,一轮明月悬挂于海面上,让人不禁想起千古佳句——“海上生明月，天涯共此时”。不过，北洋舰队的将士们并没有赏月的闲情逸致，他们正匆匆赶赴大连，执行军事任务。

北洋舰队主力在丁汝昌率领下于 15 日到达大连湾，停靠在大三山岛附近，一面补充燃煤、淡水、食品等后勤给养，一面等候运兵船进行准备工作。等运载着陆军 4000 余人的 5 艘运兵船一切就绪之后，18 艘船只排成队列，驶出旅顺口。此时已经是 16 日的凌晨，船队在波光粼粼的大海上不断行进，驶向鸭绿江口，一路无事后顺利抵达鸭绿江口的大东沟。

由于口内水浅，吃水较深的大舰无法入内，丁汝昌遂命令“镇南”号、“镇中”号两艘炮舰和四艘鱼雷艇护卫运兵船进口，“平远”号、“广丙”号停泊口外，担任警戒工作。他亲自率领“定远”号、“镇远”号、“致远”号、“靖远”号、“来远”号、“经远”号、“济远”号、“广甲”号、“超勇”号、“扬威”号十艘主力战舰，距口外 12 海里下锚，为的是防止日舰袭击。邓世昌指挥的“致远”号就在其中。当天下午，运兵船进口后溯流而上，至登陆地点后，所运兵士陆续上岸。整个工作完成时，已是 17 日的早晨。

运兵任务完成后，北洋舰队于 17 日 8 时准备返航。旗舰“定远”号上挂出龙旗，准备返回。9 时，丁汝昌传令进行“巳时操”——这是北洋舰队每天都要进行的常规性训练，主要是为了训练阵法，一般都是在巳时进行。当时，北洋舰队中有一定数量的洋员，“镇远”号的洋帮带美国人马吉芬参加了操练，并有以下记述：“是日，朝暾晖晖，清风徐来。晨间，舰中服务一如往昔，自午前九钟起，各舰犹施行战斗操练一小时，炮手并复习射击不辍。……舰员中，水兵等尤为活泼，渴欲与敌决一快战，以雪广乙、高升之耻。士气旺盛，莫可名状。”

北洋舰队的将士们时刻警惕，照常训练，准备与敌人展开血战，洗刷“广乙”号、“高升”号所遭遇的耻辱。或许令他们没有想到的是，就在北洋舰队操练的时候，日舰已经行驶在了洋面上，双方很快将狭路相逢。风平浪静的洋面风云突变，将变成炮声震天、硝烟弥漫的战场。

就在北洋舰队正演习常操的时候，日本联合舰队已经出发。该舰队从情报中已经得知北洋舰队在大东沟为登陆部队护航，觉得机会难觅，便不遗余力加以搜寻，意在与北洋舰队决一死战，夺取制海权。

为了夺取胜利，日军不惜一切代价，海军最高长官桦山资纪乘坐“西京丸”号亲自督战。在准备战争的过程中，日本大本营于1894年7月17日召开御前会议，决定对中国开战。当时有人认为日本海军实力不济，不能主动挑战北洋舰队，进行大规模决战。桦山资纪的看法则不同，他主张把日本海军力量集中起来，组成一支联合舰队，采取主动进攻的战略方针，消灭北洋舰队的有生力量，夺取制海权。明治天皇对此极为赞赏，任命他担任海军军令部长。桦山资纪亲自督战，足见日方对于即将发生的战争准备充分，且战斗意志更为坚决。

桦山资纪

随着双方的驶近，中日舰队终于相遇了。10 时 23 分，日本联合舰队第一游击队发现东北方向有大量黑色的煤烟。根据日军后来的记述，他们发现“忽然二缕、三缕、四缕、五缕，终于十余缕相继出现”，这正是北洋舰队的蒸汽机所冒出的。中日舰队距离较远的时候，日军已经发现了北洋舰队，而出卖行踪的“罪魁祸首”竟然是劣质煤炭！

北洋舰队的燃煤一直由唐山开平煤矿供应，该煤矿向以盛产优质煤著称，1894 年后，曾经长期效力于醇亲王府、担任总管一职的张翼得到李鸿章的保举，接办了开平煤矿。由于给价不高，张翼开始用劣质碎煤应付北洋舰队。丰岛海战后，形势已经箭在弦上，北洋舰队提督丁汝昌曾经致信张翼，指责“煤屑散碎，烟重灰多，难壮气力，兼碍锅炉”。但丁汝昌并非在官场上长袖善舞之人，对张翼根本无可奈何，因为开平煤矿的大股东包括国子监等中央部门，王公大臣以及直隶总督衙门等北洋各处的机构、大员，张翼上任给他们带来了丰厚的红利，他们内心十分满足，对张翼赞不绝口，哪里关心什么北洋舰队的煤炭供应问题！

大战在即，北洋舰队在旅顺港补充的依旧是劣质碎煤，丁汝昌想要得到的优质煤炭根本不见踪影。北洋舰队靠着劣质煤行驶，而日本舰队使用的却是无烟煤，这让北洋舰队已经失去了先机——日本联合舰队发现北洋舰队之后一个小时，北洋舰队才看到对手，在战场上，这一个小时是多么珍贵！日舰发现北洋舰队之后，立刻向本方发出信号：东北方向发现敌舰。

此时的北洋舰队并未发现敌军。按照惯例，他们在11 时 55 分开中午饭，各舰上的伙夫正在紧张地忙碌着，饭菜的香味逐渐飘扬，或许，水兵们已经开始憧憬中午的美餐。双方舰队越驶越近，11 时 30 分，北洋舰队“镇远”

号桅楼上的哨兵发现西南方向的洋面上黑烟升腾，立即发出了信号。

北洋舰队提督丁汝昌登上甲板，极目远眺，远远看到西南方向的煤烟。他知道日舰已经不再遥远，立即决定准备战斗，下令各舰实弹备战。一时间，各艘军舰都鸣响了战斗喇叭，声响划过了原本平静的洋面，将士们都振奋精神，各就各位。

对于双方的遭遇，“来远”号上一名得以幸存的三等水手陈学海，留下了珍贵的回忆：“饭菜刚在甲板上摆好，日本舰队就露头了。镇远舰上有个水师学堂的实习生，最先发现日本船，立时打旗语通知各船。丁统领挂‘三七九九’旗，命令各舰实弹，准备战斗。于是，咱这十条舰排成双纵队，一会儿又摆成人字阵式，向敌舰直冲。”

就这样，中日双方舰队越来越近。日军用望远镜已经清楚观察到北洋舰队，“中国军舰上头上盘着发辫、两臂裸露而呈浅黑色的壮士，一伙一伙地伫立在大炮旁，正准备着这场你死我活的决战”。

由于日本联合舰队早已发现北洋舰队，且是有备而来，所以在心理上并不像北洋舰队一样立刻绷紧了弦，准备马上投入战斗，而是显得神定气闲，甚至玩起了心理战术。

日本联合舰队司令官伊东祐亨并没有立刻下令投入战斗，而是命令全体就餐。大战即将爆发之际，北洋舰队剑拔弩张，已经准备作战；而日方却闲庭信步，开始享受美味的午餐，或许是为了缓解紧张情绪。吃饭之后，日军还打破了一般的规定，允许随便吸烟。

日军用餐、吸烟完毕，伊东祐亨传令备战。12 时 05 分，日本联合舰队第一游击队在先，以“吉野”号为首，本队在后，呈单纵阵接近北洋舰队。

此时，北洋舰队已经清楚地看到，日本舰队多达 12 艘军舰，气势汹汹，来者不善。为了应对，丁汝昌于 12 时 20 分命令北洋舰队在行进中变阵，以便更好地用舰首重炮轰击敌舰。这样，北洋舰队的各舰开始由双纵阵改为横阵，旗舰“定远”号位于中央，其余各舰在其左、右依次展开，舰队呈楔形梯队。应当说，这一阵形并不是北洋舰队的初衷，丁汝昌本来想排成紧凑的夹缝雁行阵，但由于有的舰船速度不尽如人意，加上指挥上的失误，致使北洋舰队最终排出的阵形较为松散，类似“人”字形。阵形未能达到预期，使得北洋舰队又失一招，而此时战斗已迫在眉睫。

12 时 50 分，双方舰队已经驶近到相距 5300 米。北洋舰队旗舰“定远”号首先发炮，怒吼的炮声惊醒了原本

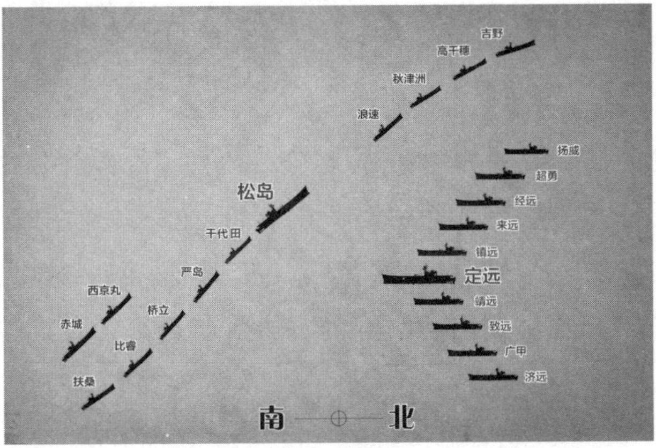


黄海大战中日舰队阵型示意图

平静的洋面，炮弹呼啸着飞向敌人。但由于瞄准精度不佳，炮弹落入海中，发出了巨大的声响，掀起了高大的水柱，震人心魄。这一炮实际上发出了进攻的号角，黄海大战就此打响！

十多秒钟后，“镇远”号在距离敌人大约5200米处时，发出了第二炮。随后，邓世昌等人指挥的各舰也相继发炮，一时之间，黄海硝烟弥漫。北洋舰队以“定远”号为首，以“人”字阵猛冲而来，像飞翔的箭矢插向日本舰队。

此时，日本联合舰队并没有发炮，因为日本军舰上装配的是速射炮，发射速度较快，但射程较近，在距离较远的情况下，并不能击中北洋舰队。因此，日本联合舰队第一游击队看着驶来的北洋舰队，没有直接迎战，而是在距离 5000 米左右时突然折向，转向了左方。日舰在海面上划出一道近似直角的航迹，狡猾地绕向了北洋舰队的右翼。日本联合舰队的用心非常险恶，他们知道，“超勇”号、“扬威”号已经老旧不堪，实力最弱，故而计划首先击沉这两艘军舰，挫伤北洋舰队的锐气，以提升日军的士气，最终夺取海战的胜利。

12 时 55 分，坪井航三少将传令：“适时开炮！”当“吉野”号行进到距离“超勇”号、“扬威”号大约 3000 米时，开始发炮。随后，“高千穗”号、“秋津洲”号、“浪速”号也发出了隆隆炮声。“超勇”号、“扬威”号奋勇抵抗。当年接舰的时候，邓世昌曾全程参与，历经风雨，此时这两艘巡洋舰已经显得有些破旧，虽然舰名依旧十分霸气，但战斗力实际上极为有限。而日本联合舰队第一游击队行驶在最前面的“吉野”号，于 1893 年 9 月 30 日建成，舰型更新，实力明显更强。

随着炮声隆隆，“超勇”号、“扬威”号英勇奋战，先后击中了“吉野”号、“高千穗”号和“秋津州”号。“高千穗”号中炮后一片狼藉，火药库附近的军官室被炮弹击穿，弹丸四处飞扬，一名管理火药库通风的人员腹部中弹，伤势严重。破碎的木板、衣物等易燃物起火，火药库随时可能爆炸，舰上既要处理死者、包扎伤号，又要扑灭火灾，一时忙乱不堪。但日舰的炮火更为猛烈，北洋舰队其他各舰被日本联合舰队本队所牵制，无法支援“超勇”号、“扬威”号。两舰孤军奋战，很快就被日本联合舰队第一游击队击中起火，官兵们一面救火，一面还击。“超勇”号在舰身已然倾斜的情况下，仍然发炮不止，向敌舰不断轰击，表现出与敌人血战到底的大无畏气概。但由于孤立无援，且遭到敌人炮火的密集攻击，“超勇”号最终于 14 时 23 分不幸沉没。管带黄建勋落入海水中，鱼雷艇驶近前来救援，黄建勋不愿抓住救援绳逃生，壮烈殉国，“超勇”号上的士兵大部分为国捐躯。“扬威”号被敌舰击中后，全舰烈火熊熊，难以继续战斗，被迫撤离战场自救，不幸在浅水区搁浅。管带林履中有心杀敌却无力回天，愤然蹈海自尽。

“超勇”号、“扬威”号与日本联合舰队第一游击队鏖战之际，日军旗舰“松岛”号已经驶到“定远”号的正前方，双方展开了猛烈的炮击。让人意想不到的是，日舰发射的第一批炮弹就产生了“奇效”——“定远”号的望台被炮弹击毁，正在督战的北洋舰队提督丁汝昌身受重伤，左腿被破碎的甲板压住而无法动弹。炮弹引发的大火点燃了他的衣服，水手们不得不把燃烧的衣服撕去，但丁汝昌的右脸和脖颈已经被严重烧伤，无法指挥战事。

而此时，日本联合舰队本队的6艘军舰驶至北洋舰队“人”字阵前方，北洋舰队各舰舰首的主炮刚好指向敌舰船腹，各舰炮火连发，炮弹怒吼着砸向敌舰。“比睿”号、“扶桑”号、“西京丸”号、“赤城”号等后续诸舰被北洋舰队拦腰截断，“定远”号、“镇远”号及右翼各舰发右舷炮火猛轰“松岛”号、“千代田”号、“严岛”号、“桥立”号，左翼的“致远”号、“靖远”号等舰则发左舷炮火猛烈打击“比睿”号、“赤城”号等后续各舰。“比睿”号冒险闯入北洋舰队阵中，陷入“定远”号、“镇远”号、“广甲”号、“济远”号等舰包围，在大炮的连续轰击之下，舱面浓烟滚滚，狼狈夺路逃窜。“赤城”号也损失惨重，死伤较多。尤其是13时25分，“定远”号用后部的15厘米克虏伯炮击中“赤城”号舰桥右侧速射炮炮盾，不仅打死炮手2名，弹片还打穿了正在观看海图的舰长坂元八郎太，鲜血与脑浆迸溅在海图台上，即刻毙命。航海长佐藤铁太郎随后担任了临时代理舰长。不久，“来远”号又击中“赤城”号一炮，该舰前部下甲板被击坏，舰上日军官兵死伤多名。在北洋舰队猛烈炮火的射击下，“吉野”号、“浪速”号、“西京丸”号、“高千穗”号、“秋津洲”号先后中弹。

日舰“比睿”号遭受重创之后狼狈逃窜，舰上浓烟滚滚，逃出了北洋舰队的包围圈，被迫挂出“本舰火灾，退出战列”的信号，向西南方逃离。“赤城”号见“比睿”号形势危急，急往营救，北洋舰队“来远”号等数舰紧追不舍。追到距离“比睿”号300米左右时，“比睿”号发炮攻击，击中了“来远”号的甲板并引起火灾，北洋舰队各舰减速营救，“比睿”号、“赤城”号乘机加速猛逃。在附近行驶的“西京丸”号看到形势不妙，发出“比睿、赤城危险”信号，召唤其他日舰前来救援。伊东祐亨发出信号，日本联合舰队第一游击队高速行驶，用左舷炮火轰击北洋各舰，“赤城”号、“比睿”号乘机逃离战场。

此时，原本停泊在大东沟口外的“平远”号、“广西”号及鱼雷艇前来助战，驶向北洋舰队右翼后方，首先遭遇逃离主战场的“西京丸”号。该舰由商船改装而成，战斗力极为有限，先是遭到“平远”号等舰的围攻而中弹起火，一片狼狈；随后清军“福龙”号鱼雷艇接连射出的两枚鱼雷，被其幸运躲过。“福龙”号继续行驶，驶至距“西京丸”号舰首约40米处时又发射一枚鱼雷，“西京丸”号已经无法躲避。桦山资纪当时正在该舰上，他眼看鱼雷射来，目瞪口呆哀叹：“吾事毕矣！”认为自己要命丧当场，无可奈何，只能坐以待毙。

让人意想不到的是，“西京丸”号在等待被击沉的命运时，鱼雷却未能击中。当时鱼雷发射技术较低，由于发射距离太近，“福龙”号发射的鱼雷竟然从“西京丸”号舰底深水中穿过，而没能击中目标！“西京丸”号侥幸逃离，北洋舰队就这样失去了击毙日本海军军令部长的良机！

桦山资纪面对袭来的清军鱼雷艇大惊失色

“平远”号等舰随后与日本联合舰队本队相遇，双方展开炮击。“平远”号奋勇作战，发射的一发 26 厘米炮弹命中“松岛”号左舷军官室，打死鱼雷发射员 4 名。同时，“平远”号也被敌舰击中，随后起火，被迫退出战场救火。这时，日本联合舰队本队已驶过北洋舰队右翼，继续向右转舵，意图绕至北洋舰队背后，恰好与第一游击队形成对北洋舰队的夹击之势。北洋舰队腹背受敌，开始处于不利地位。

即便这样，北洋舰队仍奋勇作战，广大官兵毫不气馁。提督丁汝昌身受重伤，坚持不下火线，置个人生命安危于不顾，坐在甲板上激励本方的士气。右翼总兵、“定远”号管带刘步蟾承担起重任，代为指挥作战。北洋舰队顽强奋战，炮声隆隆中，一发发炮弹呼啸着飞向敌舰。在鏖战过程中，日舰“松岛”号在被“平远”号击中后，又被“定远”号、“镇远”号击中，致使四号炮钢盾破裂，炮身弯曲下落，并顺势将附近的弹药库引爆。舷侧板与甲板被炸出大洞，海水开始灌入，舰体发生倾斜，“松岛”号几乎处于瘫痪，甲板里的电灯、电路、传话管、水管、蒸汽管、升降口全部断裂变形。舰上的日军官兵伤亡严重，情景惨烈。更为致命的是，舰上还出现了火灾，火药、瓦斯四处弥漫，烟雾腾起，令人窒息，士兵痛苦难忍，悲鸣连天。防火队拼死灭火，历经半个小时才将火扑灭，但“松岛”号已失去了作战能力，日本联合舰队被迫改“桥立”号为旗舰。

鏖战过程中的中日双方并不知道，现场还有第三方亲眼目击了炮火连天的场面。当时，运送中国军队的美国“哥伦比亚”号商船在卸完物资后率先出港，在战斗爆发一个多小时后从战场海域附近经过。在炮声隆隆中，它隐蔽地停泊在一个小海湾之内，船上的船员们被激烈的战斗场面所震撼，借助高倍望远镜，他们目睹了中日舰队的激烈战斗：“一团团黑烟又大又浓的，没有风把它吹散，透过漫天的烟雾，巨大的战舰若隐若现，摇摇晃晃，难以分辨清楚，它们好像狂暴的巨龙，愤怒地喷射着惊心动魄的火焰。此外，还有几艘军舰已经燃烧起来，烈火熊熊，它们因为中炮而着火；而压倒一切的是大炮发出的震人心弦的巨响，如同雷电交加，响声不绝……”可以想见，北洋舰队与日本联合舰队的厮杀是如何惊天动地、惊心动魄！

林泰曾

北洋舰队腹背受敌，将士们英勇作战，浴血拼杀。在之前的作战中，“超勇”号、“扬威”号已被敌舰重创，前者不幸沉没，后者搁浅。尽管如此，北洋舰队仍然在奋勇作战，并没有明显处于下风。双方战至15点04分，“定远”号被敌舰“扶桑”号击中，炮弹导致舰腹起火，火焰从炮弹炸开的洞口喷出，极为猛烈。“定远”号紧急集中人手灭火，火势却越烧越猛，发炮攻击受到影响。日本联合舰队第一游击队利用这一时机，快速向“定远”号猛扑过来，炮火密集攻击，“定远”号十分危急。“镇远”号管带林泰曾见势不妙，命令驾舰急驶上前掩护；“致远”号管带邓世昌也下令全速前进，驶到“定远”号前予以保护。“定远”号的火势终于被扑灭，不幸的是，“致远”号却遭受重创。



### 小贴士

**林泰曾**：生于1851年，1867年考入福州船政学堂，学习船舶驾驶，1871年毕业。最初在“建威”号练习船上训练，1874年任“建威”号大副。1875年，随福州船政学堂总教习日意格赴欧，进入英国海军实习，1879年回国。次年调入北洋舰队，任“镇西”号管带，还随团赴英国接收“超勇”号、“扬威”号。1886年，林泰曾改任“镇远”号管带。1894年黄海海战后，“镇远”号入港时触礁受损，林泰曾自认失职而自杀殉国。

“镇远”号与“致远”号面对危局，舍身保护主力战舰“定远”号，但这种义薄云天的英雄气概并未感染到“济远”号管带方伯谦。先前在丰岛海战中，方伯谦的行为已经让人不解，留下了很多争论，而在黄海大战中，他依旧表现得畏惧怯战。在双方大战之际，“济远”号虽无突出表现，但方伯谦还算中规中矩，但当看到“致远”号沉没之后，方伯谦的战斗意志再次被摧垮，开始紧急逃离战场。在逃脱途中，他慌不择路，也可能是操作失误，结果还误撞了已经搁浅的“扬威”号，导致后者裂开一个大洞，海水汩汩灌入，“扬威”号最终沉没。

“广甲”号与“济远”号被编为一队。“广甲”号管带吴敬荣见“济远”号撤退，便也跟着开始逃跑，如同惊弓之鸟一样慌不择路，结果在大连湾三山岛外触礁搁浅。吴敬荣随后纵火弃舰，登岸仓皇逃命。这里不能不提到的是，“广甲”号上的大管轮就是后来鼎鼎大名的黎元洪，吴敬荣命令“广甲”号驶离战场，黎元洪只好听命，结果触礁搁浅。到了23日上午，在海上游弋的日舰“浪速”号与“秋津洲”号发现了“广甲”号的踪影，吴敬荣急忙毁舰逃走，黎元洪与其他一些官兵则乘坐小艇逃命。由于日舰穷追不舍，众人只能跳海逃生。黎元洪不习水性，幸好他在战前自费购置了救生衣，最终在海上漂泊多时，被海浪神奇地冲到岸边。一位渔民发现后搭救了他，黎元洪非常幸运地得以生还。那位普通的渔民可能从来没有想到，自己无意中搭救的这位甲午之战的幸存者，后来成为了中国历史上唯一一位两任大总统和三任副总统的重要人物。

### 小贴士

**大管轮**：轮机长的助手，在轮机长的领导下做好机电设备的使用、维修和保养。轮机长不在和因故不能行使职务时，代行轮机长职责。大管轮要参加机舱值班，在工作中发现机械、机电设备故障或异常情况时，除做紧急处理外，要及时报告轮机长。

“广甲”号与“济远”号逃走时，北洋舰队与日本联合舰队战事正酣。日本联合舰队第一游击队追击“济远”号、“广甲”号，由于距离过远没能成功，随后折回，并集中火力攻击位于北洋舰队右翼阵脚的“经远”号。在敌人密集攻击之下，“经远”号管带林永升毫不畏惧，以一敌四，指挥全舰上下奋力抵御。不幸的是，一颗炮弹突然飞来，林永升中炮牺牲。“经远”号上的火势愈发凶猛，舰体逐渐倾斜，左舷慢慢沉入水中，但全舰官兵不顾安危，仍然坚持作战，直到最后一刻！

青年时期的黎元洪

经过激烈鏖战，北洋舰队的“超勇”号、“扬威”号、“致远”号、“经远”号先后沉没，“济远”号、“广甲”号仓皇逃遁，只有“定远”号、“镇远”号、“来远”号、“靖远”号仍在奋勇作战。日本联合舰队方面，“比睿”号、“赤城”号、“西京丸”号已经无法作战，“吉野”号、“高千穗”号、“秋津洲”号、“浪速”号、“松岛”号、“千代田”号、“严岛”号、“桥立”号、“扶桑”号仍在疯狂进攻。日方明显处于优势，但北洋舰队的爱国官兵仍然坚持战斗，誓与敌人血战到底，尤其是“定远”号、“镇远”号，分别在刘步蟾与林泰曾的指挥下，与敌人展开周旋。战斗进行得极为惨烈，在“镇远”号参加战斗的洋员、美国人马吉芬后来记述道：“十二吋巨炮炮手某，正于瞄准之际，忽来敌弹一发，炮手头颅，遂为之掠夺爆碎，头骨片片飞扬，波及附近炮员，而（其他）炮手等毫无惊惧，即将炮手尸体移开，另以一人处补照准，赓续射击。”

与此同时，“来远”号、“靖远”号与日本联合舰队第一游击队在激烈战斗。日军妄图击沉两舰，然后会合本队围攻“定远”号、“镇远”号。“来远”号、“靖远”号与敌人死死纠缠，奋勇作战，在激烈的炮火轰鸣中，两舰都先后受伤。尤其是“来远”号上发生了猛烈火灾，浓烟滚滚，烈焰腾空。炮手在被烈火包围的情况下仍然继续战斗，担任二副的谢葆璋指挥众人奋力扑救，保住了身负重伤的军舰。“来远”号上的官兵舍生忘死，勇敢作战。水手王福清在搬运炮弹时，脚跟被弹片削去，竟毫无察觉，依然奔跑如飞，继续战斗。谢葆璋妻子的一位堂侄也被炮弹击穿腹部，在战斗中阵亡。

谢葆璋与女儿谢婉莹（冰心）

北洋舰队的 4 艘军舰终于挺过了难关，“平远”号、“广西”号以及鱼雷各艇已经返回。“靖远”号管带叶祖珪等知道，“定远”号的桅楼已经被毁，难以进行整体指挥，于是主动升旗集合各舰。北洋舰队重整旗鼓，军威大振，准备与敌人血战到底。在暮色苍茫中，弹痕累累的北洋舰队排成了队列，英勇的海军官兵昂首向前，开始在海面上追击日本联合舰队。



### 小贴士

**谢婉莹**：谢葆璋的女儿，著名作家，笔名冰心。1994年，已经95岁高龄的谢婉莹，为了纪念甲午海战100周年，开始动笔撰写纪念作品。可她每每动笔都大哭不已，最终未能写成，只留下了满是泪痕的若干草稿。

日本联合舰队击沉“来远”号、“靖远”号的计划没能成功，更谈不上围攻“定远”号、“镇远”号。看到北洋舰队重整旗鼓准备继续战斗，加上担心遭到鱼雷艇的袭击，日本联合舰队不敢再战，于是开足马力，向西南方向驶去，退出了战场。北洋舰队由于航速较慢，追赶不及，所以也收队返回了旅顺，黄海大战就这样结束了。

由中午时分到暮色降临，北洋舰队与日本联合舰队鏖战五个多小时。在这场战役中，北洋舰队损失了“致远”号、“经远”号、“超勇”号、“扬威”号、“广甲”号5艘军舰，“来远”号受伤严重，共计死伤官兵约600人。日本联合舰队也遭受重创，“松岛”号、“吉野”号、“比睿”号、“赤城”号、“西京丸”号5舰受伤严重，伤亡239人。相比之下，北洋舰队的损失较大，但在遭受重创之后，日本联合舰队却最先撤离了战场。北洋舰队将士们舍生忘死，浴血奋战，击退了敌舰的进攻，粉碎了其歼灭北洋舰队的狂妄幻想。

# 第七章　英雄赴义



丰岛海战的消息传来后，北洋舰队的官兵都极为愤慨，誓与敌人血战到底。邓世昌与刘步蟾等人纷纷请战，愿意出海迎敌，与日本舰队逐鹿东海，拼死一斗，期望能够雪耻解恨。但是，李鸿章对战局的发展还抱有幻想，并不希望双方发生决战，担心苦苦经营的北洋舰队毁于一旦，所以采取了防御的方针，只允许北洋舰队进行有限的巡弋活动。

李鸿章“避战保船”的做法引起朝野的不满。丰岛海战后，朝廷上下舆论沸腾，期望北洋舰队能够扬我国威。光绪皇帝对北洋舰队的不作为十分不满，认为丁汝昌畏敌如虎，应该严加查办。光绪皇帝将丁汝昌解职后，命令李鸿章遴选新人予以替代，但这谈何容易！当时的清朝既无海军传统，又无海军文化，近代海军刚刚开始成军，没有资深将领能够担任统帅，只能从陆军中选拔，而丁汝昌正是得到李鸿章的赏识才得以被举荐。

丁汝昌对于自身的状况十分清楚，知道自己对海军非常陌生，所以在担任这一职务之后，开始努力学习近代海军知识。他勤勤恳恳投入到北洋舰队的建设工作，逐渐掌握了海军的专业术语，熟悉了舰队的各项业务，能够较好地安排训练。上午操炮，下午操枪，逐日轮流打靶，北洋舰队总体看来训练有素。



面对朝野舆论压力，李鸿章坚持认为敌强我弱，不能轻易决战，巡弋威慑敌人不失为良策。丁汝昌最终被“暂免处分”，继续指挥北洋舰队。

丁汝昌陷入政治风波，“致远”号管带邓世昌也不顺利。在战争日益临近的时候，邓世昌正被审查，原因是治军太严，涉嫌“鞭打士兵致死”。在当时的封建旧军队里，打骂士兵是普遍现象，这也与当时的社会风气有关。打骂教育十分流行，即便是在私塾里，私塾先生也常体罚学生。调皮的学生看到塾师扬起的戒尺，便会心惊胆寒——关于这一点，鲁迅先生长大后对此仍心有余悸，还在散文里回忆起三味书屋中，私塾先生拥有一把威严的戒尺。

邓世昌深深知道，战争绝非儿戏，如果纪律松弛、斗志涣散、操作生疏，如何能够取胜制敌？所以，他对于训练都是狠下功夫，从不缺斤短两，对士兵的要求极为严格，但并不是冷酷无情。在日常生活中，邓世昌生活简朴，与士兵同甘苦、共患难，并时常对他们说："人谁不死，但愿死得其所耳！"他还关心水手的生活，其他舰上"病故升火水手甚多"，只有"致远"号没有这一现象。

由于邓世昌作风勇猛，严格操练，所以他的军舰发生事故也最多。例如，邓世昌任"镇南"号炮舰管带时，军舰曾在风浪中搁浅；任"扬威"号管带时，有一次因煤量不足，导致军舰在海上漂流许久。还有一次，由于对水情不够熟悉，导致军舰螺旋桨叶片受损。但是，事故多从另一方面来说也是好事，大清王朝的近代海军还在初建阶段，国人对于变幻莫测的大海十分陌生，不多加训练，不在错误中成长，海军如何才能发展？

也正是由于邓世昌严格治军，勤加操练，使得"致远"号训练有素，战斗力很强。光绪十七年(1891)五月，北洋舰队举行阅兵。在炮术打靶中，邓世昌指挥的"致远"号震惊全场，光绪皇帝与北洋大臣李鸿章几乎目瞪口呆，"致远"号共发射 16 枚炮弹，14 枚命中目标！按照当时的军事技术，世界各国海军的命中率大概为 10%。北洋舰队规定，发射 16 枚击中 3 枚即合格，"致远"号的成绩堪称奇迹！尽管炮术打靶目标是死靶，但这一成绩还是能够体现出"致远"号官兵极强的军事素质，具备良好的操作舰艇能力。

随着朝鲜战局的发展，1894 年 8 月 1 日，中日双方正式宣战。北洋舰队的官兵十分清楚，日本要依靠海上的军事力量才能进行侵略，而抗击日本舰队的任务自然非北洋舰队莫属。邓世昌也深深知道，御敌于大海之上，精忠报国的时候到了！

9 月 15、16 日，丁汝昌率北洋舰队护卫运兵船前往朝鲜，邓世昌指挥的“致远”号就在其中。任务完成后，北洋舰队于 9 月 17 日开始返航。日军已经获得了情报，有备而来，双方发生遭遇。北洋舰队以“人”字阵迎敌，按照行驶的方向来看，“致远”号位于左翼，处于“靖远”号与“广甲”号之间。邓世昌指挥战舰，乘风破浪，随着北洋舰队的阵列直插敌军。

中日舰队在黄海海面展开激战，隆隆炮声惊天动地，浓烟升腾。在硝烟弥漫中，邓世昌指挥“致远”号官兵奋勇作战。随着战斗的持续，北洋舰队陷入日本联合舰队第一游击队与本队的夹击，腹背受敌。尽管局面不利，北洋舰队仍奋勇作战，与敌人展开了血拼。“定远”号与“镇远”号作为主力战舰，互相保护，对疯狂的敌人进行炮击。

日本联合舰队对北洋舰队的进攻是有备而来的。北洋舰队在护航返回时遭遇敌人，从战略准备来看无疑处于劣势，而且战斗刚刚开始，丁汝昌就不幸负伤。在这种情况下，邓世昌等将领尽其所能，指挥战舰与敌人展开拼杀。日本人对北洋舰队非常了解，知道“定远”号与“镇远”号是主力战舰，尤其是“定远”号。作为旗舰，它在北洋舰队中具有极高的地位，如果能够将其击沉，不仅可以摧毁北洋舰队，而且可以沉重打击大清王朝，为日本以后的侵略奠定基础。

战斗继续进行，日本联合舰队航速更快的优势逐渐发挥出来，操作更为灵活。“定远”号与“镇远”号吨位较大，虽然舰首与舰尾的重炮威力惊人，但是并不容易击中目标。在混战之际，15 时 04 分，“定远”号突然被敌舰击中，火势十分凶猛。敌舰趁着“定远”号浓烟滚滚、发炮受到延阻的时机，气势汹汹猛扑过来，舰上的快炮连续发射。击沉“定远”号的妄想真的要实现了，日本联合舰队甚至有些欣喜若狂，似乎已经看到“定远”号倾斜下沉的惨状。

“定远”号的形势千钧一发，十分危急！“镇远”号管带林泰曾看到形势不妙，命令大副杨用霖驾舰疾驶，前来援助，杨用霖等人开始紧急操作。邓世昌指挥的“致远”号正在奋力作战，他对形势的发展洞若观火，看到“定远”号已经陷入危机、“镇远”号正在紧急对其加以保护时，他

日本佐世保东山海军墓地前的两枚“定远”号炮弹



对两艘主力舰的安危十分担心。为了保护旗舰，邓世昌决心舍生取义。他命令大副陈金揆全力加速，疾驶到“定远”号之前！

前文已经提过，邓世昌当年没能被选拔留学，原因就在于他的籍贯并非福建，而是广东。福州船政局中福建人士占据主导地位，邓世昌作为广东人，自然比较边缘化。在北洋舰队中，福建人同样力量很大。提督丁汝昌对此深有感触，觉得指挥舰队并不是那么得心应手，刘步蟾作为福建籍军官，逐渐成为闽籍官兵的领袖。但在大战中，邓世昌并没有考虑这些人事纠葛。这一刻，他心中燃烧的是喷向敌人的怒火，而不是自己内部彼此的隔膜。

邓世昌、刘步蟾等奋力作战，都是浴血拼杀的北洋壮士，都是奋勇对敌的中华男儿！

看到旗舰“定远”号受伤起火，身处险境，邓世昌毅然率舰冲出，加以保护，与日本联合舰队第一游击队展开激烈的炮战。这一刻，北洋将士们同仇敌忾，齐心协力，共同为大清王朝的安危抛头颅、洒热血。

作为训练有素的海军将领，邓世昌在率舰冲出的时候，不可能不知道“致远”号将要面对怎样的危险。“致远”号作为防护巡洋舰，是北洋舰队中航速最快的战舰。该舰长 76.2 米，宽 11.58 米，吃水 4.57 米，排水量 2300 吨。动力为 2 座卧式 3 缸往复蒸汽机、4 座高式燃煤锅炉，双轴推进。航试时测得功率为 6892 马力，采用强压通风时可以达到 7500 马力，航速 18.5 节。正常载煤 200 吨，最大载煤量 520 吨，续航力 6000 海里/10 节。“致远”号穹甲甲板倾斜处厚 3 英寸，平坦处厚 2 英寸，司令塔装甲厚 3 英寸，火炮炮盾厚 2 英寸。

这些枯燥的参数对于一般人来说，可能并不能理解它的意义，邓世昌却对此了然于心。“致远”号在北洋舰队中快速驶出，保护主力舰，拥有一定的速度优势。但是与“定远”号相比，“致远”号装甲较薄，这也意味着承受敌人炮击的能力较差，极有可能被敌人击沉！邓世昌对这些当然非常清楚，但他并没有犹豫。为了保全大局，保护旗舰不被敌人摧毁，邓世昌非常镇定地指挥战舰冲了出来！

在“定远”号右侧，由林泰曾、杨用霖指挥的“镇远”号也挺身而出，与“致远”号并力抗击日舰，共同护卫旗舰。由于“镇远”号速度较慢，因此还是“致远”号冲在了前面，一边行驶一边发炮。日舰正在逼向“定远”号，妄图猛烈轰击，击沉北洋舰队的旗舰。就在这时，日军猛然看到“致远”号乘风破浪，冲了出来。日舰放弃了炮击“定远”号，开始密集轰击“致远”号。装甲单薄的“致远”号好像陷入了狂风暴雨，被敌人的炮火轰击得遍体鳞伤，舰体多处被击穿。

为了保护“定远”号，“致远”号遭受敌人炮火的重创，舰体被打出了多处伤口。更为致命的是，其中一些伤口在水线附近，随着船体在海面的颠簸，海水大量涌入舰内。很快，穹甲甲板的斜坡与船壳板相交构成的“V”字形水槽里积满了海水。“致远”号官兵利用一切工具奋力排水，但海水涌入的速度太快，排水工作没有取得明显效果。“致远”号的舰体无可挽回地慢慢倾斜，出现了将近30度的右倾，这对任何一艘舰船来说，都足以导致沉没。

面对危局，邓世昌在生死抉择的时刻，没有选择隐忍偷生，没有忘记自己的铮铮誓言——“人谁不死，但愿死得其所耳”！邓世昌做出了一个令整个战场都极为震惊的决断，他对身边的官兵说：“倭船专恃‘吉野’，苟沉是船，则我军可以集事！”邓世昌率全舰官兵下定决心，驾舰冲向正在自己左舷外驶过的日本联合舰队第一游击队，冲乱敌人的阵形，撞沉敌舰！

“致远”号官兵各就各位，开始完成最后的工作，奋力添加煤炭，增强前进的动力。大副陈金揆在驾驶室中，手把舵盘，凝神目视前方。伤痕累累的“致远”号全速前进，在黄海的波涛中劈风斩浪，像一头受伤的猛兽，迎着硝烟弹雨，不断加速，毫无畏惧地冲向日本联合舰队……

冒着敌人的炮火，邓世昌屹立在飞桥甲板上：“吾辈从军卫国，早置生死于度外，今日之事，有死而已！”他的豪言壮语激励着每一个将士，他们的胸中燃烧着对敌人的怒火，浑身流淌着奔腾的热血！全舰将士同仇敌忾，视死如归，在海面上高速前进，扑向敌人的阵营！

日本联合舰队第一游击队开始时并没有认清“致远”号的意图，还在猛烈发炮进行轰击。当看到“致远”号已经受伤，不由得暗自高兴，击沉或者击退“致远”号，日舰就可以轰击“定远”号，实现其战略意图。令他们没有想到的是，尽管已经伤痕累累，船体发生倾斜，但就是在这样的情况下，“致远”号仍然疾驶而来。日军这时才猛然意识到，“致远”号官兵已然把生死置之度外，要用军舰进行撞击！日军一下子冷汗淋淋。作为海军，他们清楚地知道，一旦撞击成功，战场的形势可能发生彻底变化。熟悉海军史的人甚至想到，1866 年利萨海战中，采用 V 形横队的奥地利舰队就是依靠着撞击，一举击沉意大利舰队的主力铁甲舰“意大利”号，从而奠定胜局。

由于战舰在海上转向需要很大的半径，十分不便，日本联合舰队第一游击队的军舰已经躲避不及。面对猛扑过来的“致远”号，第一游击队展开了疯狂的密集轰击，期望能够将其击沉。“致远”号还在高速奔驶，敌人的一颗颗炮弹密集飞来。炮弹砸入海面，激起无数浪花，数发击中“致远”号的炮弹已经引发了熊熊烈火，行进中的“致远”号如同火龙入海，愈发威猛！日本联合舰队继续疯狂轰击……

突然间，高速行进中的“致远”号舷侧一声巨响，船身猛然剧烈震动，船底被炸裂开来。可能是“致远”号的鱼雷被日舰的炮弹击中，不幸发生爆炸；也可能是炮弹击中了“致远”号的锅炉，发生剧烈爆炸。不管怎样，无情的海水滚滚而入，“致远”号右舷严重倾斜。即便这样，“致远”号还在奋力冲向敌方，其左舷螺旋桨一半已经到了海面上，但还在高速旋转。“致远”号仍在继续航行，扑向敌人。不幸的是，“致远”号最终没能完成自己的壮举，渐渐沉入海中……

严重倾斜的“致远”号

“镇远”号上的洋员马吉芬目睹了这悲壮的一幕：“‘致远’号英勇地向第一游击队的阵列冲去……当时到底发生了什么，已经无人能确知，但显然它被一枚重炮弹——大约 10 英寸或 13 英寸命中了水线。总之不管怎样，它开始严重倾斜，显然是受到了重创……一阵重炮和机关炮弹的弹幕扫过他的军舰，倾斜更加严重了，就在即将撞上敌舰之际，他的船倾覆了，军舰从舰首开始下沉，舰体随着沉没逐渐右倾，而它的螺旋桨还在空中转动……”

“致远”号不幸沉没，舰上的官兵纷纷坠海，邓世昌也落入了汹涌的海水之中。侍从刘忠对邓世昌忠心耿耿，奋力划水递来救生圈，但邓世昌已经决心以身殉国，坚决地用力推开。看到“致远”号沉没，“左一”号鱼雷艇赶来搭救落水的官兵，邓世昌还是没应，抱着军舰已沉、绝不偷生的决心，向水下沉去！

邓世昌与爱犬“太阳”的雕像

邓世昌平日豢养的爱犬“太阳”，和主人的感情非常深厚，看到主人处于危难之中，游过来救助。它先是咬住了邓世昌的胳膊处，使他不能沉没。邓世昌驱赶它离去，“太阳”转身游去，随后又游转回来，咬住了邓世昌的发辫……邓世昌知道，爱犬不忍舍自己而去，不由得热泪纵横，毅然按下它的头，追随自己的爱舰，一起沉入大海之中。

让我们永远记住这个悲壮的时刻，1894 年 9 月 17 日 15 时 30 分，邓世昌壮烈殉国！这一天，按照中国传统的农历（八月十八），恰好是他 45 岁的生日。

# 第八章　永垂不朽

自古以来，战死沙场、马革裹尸是军人的最高荣誉。北洋将士奋勇杀敌，舍生取义，邓世昌更是用“义不独生”的举动，沉海殉国，用生命铸造了中国海军的不朽军魂！

当年黄海大战进行时，中国百姓曾远远观看到激战的场景，亲耳听到隆隆炮声。后来，大鹿岛上的老人李放先回忆道：“当年我爷爷李玉仁才 10 多岁，亲眼看海战打起来的。海战一直打到傍晚，挂日本旗的先跑了。”在大战之后，中国百姓尽可能地帮助北洋舰队，当受伤的舰只靠近大鹿岛时，岛上渔民为将士送去食物、淡水。人们还自发出海，打捞英雄们的尸体。根据后来的记述，当时港口里也漂来了穿着北洋舰队军装的官兵遗体，人们将这些遗骸葬在大鹿岛。据当时的亲历者说，一共安葬了 13 具烈士遗体，这就是如今大鹿岛上的“甲午海战无名将士墓”。邓世昌英勇殉国的消息更是传播开来，百姓还流传着“通商卖国李鸿章，战死沙场邓世昌”的歌谣，朴素地表达了对英雄的崇敬之情。

1937年和1938年，日军曾经两次到大鹿岛海域拆卸北洋舰队沉船，渔民李桂斌被日本人胁迫参与了这一事件，目睹了日本人破坏性拆毁“致远”号沉舰的行径，并参与掩埋北洋舰队将士的骨骸。根据他在2009年的讲述，邓世昌的遗体当时也被打捞了上来。当然，这其中或许包含了普通百姓的期盼和善良的愿望，并不能完全等同于历史事实。

根据李桂斌的讲述，被胁迫参加拆卸工作的中国渔民王绪年发现了邓世昌的遗体。王绪年在拆卸“致远”号指挥舱时，猛然发现舱椅上端坐着一具骨架，但当时他没有把骨架打捞上来。日本人使用爆炸拆卸的方式，导致舱门被震开，遗骨也被震散。第二天，王绪年就好像遭到了报应，浑身疼痛，无力行走。他对李桂斌说：“这副遗骨恐怕就是邓大人。我每天给日本鬼子效力，搅得邓大人不得安宁，邓大人肯定是怪罪我了。等我病好了以后，一定要把老人家请上来，好好地安葬。”过了几天，王绪年的病情刚刚好转，便带了一个口袋，下水将这具遗骸偷偷地背了上来。后来，王绪年与李桂斌等人将遗骸妥善安葬，遗骸上的官服还保存得比较完好。从官服上的官衔来看，老百姓认定是管带官服，所以一直流传埋葬的是邓世昌的遗骸。

大鹿岛邓世昌墓

邓世昌沉海牺牲，身边还带着心爱的“太阳”犬，不可能端坐在“致远”号的舰舱之中，王绪年打捞上来的遗骸——如果这一叙述是历史事实的话，多半是其他北洋壮士，不太可能是邓世昌。但是，在大鹿岛百姓的心中，这具骸骨就是“邓世昌”！这或许并不是历史的事实，但却是感情的真实。普通百姓深深地为邓世昌的英勇事迹所感染，邓世昌已经不是一个具体的个人，他是为国捐躯的北洋将士的代表，是浴血奋战的中国海军的典型，是精忠报国、舍生取义的模范，是抗击侵略、捍卫国家的英雄！或许真实的邓世昌只有一个，但在百姓心中，那些为国捐躯的北洋官兵都是最勇敢的“邓世昌”，他们用血肉铸成的丰碑永远留存在百姓的记忆里！

黄海大战结束后，闻听邓世昌殉国的消息，李鸿章老泪纵横。光绪皇帝知道邓世昌的壮烈事迹后，心情无比沉痛，挥笔写下挽联："此日漫挥天下泪，有公足壮海军威！"并赐谥号"壮节公"，追封"太子少保"，入祀京师昭公祠。

### 小贴士

**太子少保**：根据我国古代的官制，太师、太傅、太保都是负责教导太子的重要官职。太师教文，太傅教武，太保负责太子的安全，少师、少傅、少保是他们的副职。但随着历史演变，少师、少傅、少保后来和太子并没有什么关系，只是作为荣誉称号使用。

光绪皇帝还亲笔撰写了祭文、碑文，沉痛地表达了对邓世昌的悼念，赞誉他"楼船风驶，仰汉将之如飞"。就是说，邓世昌的"致远"号如同疾风飞驰于大洋之上，让人回想起汉代飞将军李广的风采。对他沉海殉国的壮节，光绪皇帝写道："沉沧海而不悔，矢舍命以全忠。"意思是说，在"致远"号奋勇作战、不幸沉没后，邓世昌宁愿沉海赴义，毫不后悔，为忠义之气节而舍弃性命。

为了表彰邓世昌为国尽忠、舍身殉难的英雄气节，清政府赐给邓母一块大匾，上面书写着四个大字——“教子有方”，用三斤黄金制成。另外，清政府还拨给邓家白银十万两，以示抚恤。后来，邓母拿出其中的六万两白银“改善生活”，用剩余的四万两在邓家祠堂旧址修建了“邓氏宗祠”，以作纪念。

邓世昌纪念馆馆内场景

这位深明大义的英雄母亲，还尽可能地保留了英雄的遗物。根据后代回忆，有时老人家还拿出邓世昌留下的两个单筒望远镜、一枚上朝时佩带的玉扳指，教育邓氏子孙后代，让他们继承邓世昌的遗志，精忠报国。

邓氏家族忠义传家，很多邓家的后人身穿戎装，与日本侵略者展开了长期的战斗。1937年，侵华日军悍然制造了卢沟桥事变，邓氏家族深感国家危难，愤然而起。广州的7位邓氏后人中有6人投笔从戎，其中5人考上了黄埔军校（邓权民、邓渭民、邓尧民、邓光民和邓婉红）。年纪最小的邓焱民自学日文，加入了抗日谍报组，在另一条战线上为国效力。

在日本军国主义的疯狂进攻下，中国的半壁江山沦陷于铁蹄之下。1938年，广州沦陷，不少家族祠堂被日寇侵占驻兵，但日寇对邓氏宗祠却秋毫无犯。据说，日本军人甚至还非常恭敬地进入祠堂，郑重地脱帽行礼，鞠躬拜祭。当时邓焱民在广州从事抗日谍报工作，他向日本人打听情况时，一个日本军官说："邓世昌是中国顶呱呱的民族英雄，他是中国人抗击外族的一面旗帜，我们敬他又畏他，所以不敢骚扰祠堂。"与日本联合舰队展开血战的邓世昌，不仅被中国人民深切缅怀，得到清政府的褒奖，而且赢得了敌人的尊敬——这或许是一位殉难的英雄最为难得的荣誉！

经过八年艰苦抗战，中国人民终于取得了反法西斯战争的胜利。1945 年，日本最终战败投降。历经战争的洗礼，投笔从戎的邓权民已经成为第十二集团军教导团的干部。在广西博罗，他还参加了日军一个联队的受降仪式。

邓世昌如果泉下有知，当深感欣慰。在五十多年后，他的孙辈接受了日军投降，自己在黄海大战的遗恨，终于得到了告慰。

新中国成立后，以邓世昌为代表的甲午英雄，仍然深深镌刻于中国人民的记忆中。1985 年 3 月 21 日，中国甲

中国甲午战争博物馆陈列馆

午战争博物馆建成，馆址就设在刘公岛北洋舰队提督署。1994 年甲午战争百年之际，时任国家主席江泽民亲自题写了馆名。在这座现代化博物馆中，传统陈列形式与现代科技巧妙地融为一体，通过文物、图片、蜡像、沙盘、模型、影视等，生动地再现了当年北洋舰队的历史原貌，呈现了甲午战争的宏大场面。在身临其境的历史场景中，观众深深地为悲壮的历史所震撼！

中国甲午战争博物馆建成之后，引起了极大的社会反响。作为爱国主义教育基地，它吸引了大量的海内外观众，人们在这里缅怀为国捐躯的北洋将士，感悟近代中国的历史命运。

“济远”号前双主炮

稍显遗憾的是，博物馆中的镇馆之宝却是“济远”号前双主炮。方伯谦任管带的“济远”号在丰岛海战中挂白旗，又在黄海大战中狼狈鼠窜，以至于参战的北洋舰队各舰回港后，拒绝与逃舰为伍。“济远”号只能屈辱地单独停泊，方伯谦也因为临阵逃脱被处决。此后，“济远”号管带由原“广乙”号管带林国祥接替，但“济远”号的厄运并没有终止。1895 年 2 月 17 日，“济远”号在威海被日军俘获，之后编入日本海军，仍保留了“济远”舰名。日俄战争时，“济远”号于 1904 年 11 月 30 日在旅顺口争夺战中触雷沉没。此后的八十多年，“济远”号都沉睡于大洋之下。1986 年 8 月，“济远”号前双主炮被打捞出来，后来被运至博物馆。几经辗转，最终被陈列于中国甲午战争博物馆，作为珍贵的历史文物，成为镇馆之宝。

这或许就是历史的吊诡之处。邓世昌英勇抗敌，率舰冲向敌军，“致远”号最终沉没于大洋之下，踪迹难觅，人们只能从各种历史资料中感受这艘英雄军舰，缅怀邓世昌的壮节；而“济远”号身负恶名，它的前双主炮却作为历史的见证，放置在博物馆中，接受观众的参观与瞻仰。

但历史又是公正的。一百多年来，邓世昌作为甲午英烈，在人们的心目中永垂不朽。他并没有随着时间的流逝而磨灭，“致远”号冲向日舰的一幕深深镌刻于中国

"爱国名将邓世昌"雕塑

人的记忆里，从来不曾忘记！人们也没有停止寻找"致远"号的步伐，"丹东一号"的发现，再一次激起了人们对"致远"号的极大关注。或许，谜底揭开的那一刻已经不再遥远。即使"丹东一号"最终被确认不是"致远"号，人们仍希望邓世昌所指挥的英雄战舰能够被早日发现，有朝一日被郑重地陈列在历史博物馆中，接受每一位爱国者最真诚的敬意！

就在本书完稿之际，考古工作取得新的进展。根据“丹东一号”上的方形舷窗、瓷盘碎片等有力证据，专家已经确认“丹东一号”就是“致远”号！相信在不久的将来，即便“致远”号本身不能被整体打捞出水，大量文物也一定能够公开展览，人们能够更加清晰地触摸这段悲壮的历史，感悟邓世昌等甲午英烈的爱国情怀！

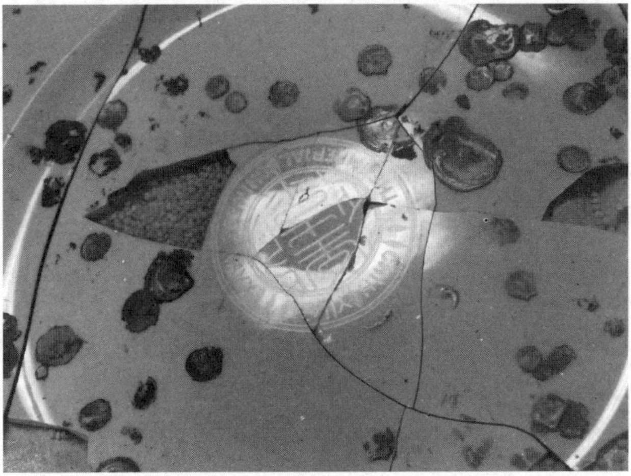

瓷盘中间为篆书铭文“致远”

## 参考书目

1. 政协河北省委员会文史资料委员会、政协张家口委员会文史资料委员会编:《民族英雄邓世昌》,中国民间文艺出版社 1989 年版。

2. 威海市政协文史资料委员会编:《邓世昌》(威海文史资料第 5 辑),1990 年版。

3. 广州市政协文史资料委员会等编:《气壮山河:纪念民族英雄邓世昌殉国一百周年》,1994 年版。

4. 中共广州市海珠区委宣传部编:《光照古今:纪念民族英雄邓世昌殉国一百周年专辑》,1995 年版。

5. 鸿鸣著:《英雄邓世昌》,山东大学出版社 2000 年版。

6. 陈明福著:《海疆英魂——记甲午海战中的邓世昌和致远舰》,人民文学出版社 2003 年版。

7. 中共广州市海珠区委宣传部编:《邓世昌与甲午战争:纪念民族英雄邓世昌殉国 110 周年》,2004 年版。

8. 中共广州市海珠区委宣传部编:《甲午名将邓世昌》,岭南美术出版社 2007 年版。

9. 门雄甲编著:《甲午英魂邓世昌》,吉林人民出版社 2011 年版。

10. 李萌、李灿编著:《甲午海战留英名——民族英雄邓世昌》,吉林人民出版社 2011 年版。

11. 林干著:《邓世昌》,广东人民出版社 2011 年版。

12. 寇伟著:《甲午战争史话》,社会科学文献出版社 2012 年版。

13. 戚其章著:《甲午战争史》,上海人民出版社 2014 年版。

14. 萨苏著:《寻找邓世昌:北洋水师名舰追踪纪实》,同心出版社 2015 年版。